越早學越好！
給兒子的
性育

Let's
talk about
sex

李錫遠
이석원
著

尹嘉玄
譯

아들아,
성교육 하자

U0079792

我才是身體的主人

在家長社團，每天有各種性教育問題，小至怎麼跟孩子說明性器官，大至發現孩子網路瀏覽紀錄有色情影片，家長的心慌其來有自，無論我們投注了多少資源在國、英、數、運動等學習，對性教育依舊止步不前。

我們總是安慰自己「學校會教吧」，或是期待自己的孩子不會發生「必須提出來討論的性問題」就平順成年，到那時候，孩子對性的想法與態度，就不關父母的事了吧！

遺憾的是，這樣的想法絕對是錯誤的！就像所有學科，我們都希望給足孩子資源應對，以免遭遇挫折。關於性教育，無論是父母或孩子，不分性別都必須好好學習，不是只有新聞報導的性犯罪才會讓孩子受傷，缺乏正確性教育的情感關係、同儕互動、自我認同，都可能讓孩子在成長過程傷痕累累，卻無法對父母訴說，因為父母從未與他們談過性。

這本書以「兒子的性教育」為主題，但絕對同時適合女孩閱讀，父母必須明白，不分性別都可能是性暴力受害者，而父母也不能否認，性暴力加害者以男性為主，要改變這件事，不是要可能的受害者小心防範，那只是將責任推給受害者；而是讓孩子學習，根本不應該出現什麼樣的行為。如果

要達到這個目標，就要在家庭教育與校園社會落實性別平等。

　　與其他性教育書籍相較，作者推行的性教育面向兼具深度與廣度，例如：父母和孩子都需要接受性教育；父母必須尊重孩子為獨立個體，重視他們的身體感受與界線；建立能夠自在問答的親子關係，才有機會進入性方面的話題；身體每一個部位都和性器官一樣重要，所以孩子要好好認識自己、愛自己；父母應該以尊重子女的身心為教養前提，將包皮手術的決定權交還給孩子；分齡洗澡或睡覺，關鍵不在年齡，而是當某個家人感到不自在時，就要有所調整。

　　作者甚至連孩子要發生性關係前的提醒都顧及了，不僅要「同意與共識」，還要做好「避孕與身體檢查」。而且叮嚀使用保險套也可能會懷孕，世界上沒有100%的避孕方式！所以發生性關係前，務必好好討論，做好萬全準備。對於不尊重你的人，作者帥氣建議：「就狠狠甩掉對方！」這真是太精彩了！

　　無論閱讀此書的讀者身分是老師、家長或未成年的孩子，我期盼藉由本書，讓你知道，學習性教育永遠不會太晚。現在開始，請更了解自己的身體、對性與性別的想法──任何人都不可以控制你的身體，更不能在一段關係中貶低你，你將會充滿力量，知道「我才是身體的主人」。

　　　　　　　　　　諶淑婷　不會教小孩行動聯盟常務監事

與男孩談「性」事，刻不容緩！

過去，為了避免女孩受到性騷擾或性侵害，大人常對女孩耳提面命，要懂得自我保護，捍衛身體自主權。我有一個女兒，以前我也會如此提醒她。

直到有一次，我去參加一場情感教育研討會，有位學者說了一番話，讓我印象深刻：「我們怎麼不去教育男孩，懂得尊重女孩呢？」聽到這句話，有如當頭棒喝！是呀！如果男孩懂得尊重，女孩就不會受害，更不需要處在恐懼之中。然而，這樣的想法，仍落入了一個迷思中。

社會大眾假設性暴力的受害者，都是女性，而男孩卻是相對安全的。錯了！男孩也可能受到性騷擾，也可能會被性侵害；當男孩身處險境時，往往更不知道如何求助。

《跟蹤騷擾防制法》（簡稱《跟騷法》）於2022年6月正式上路。如果你曾經看過法條內容，知道所謂「跟蹤騷擾」的八種行為樣態，你肯定會倒抽一口氣。因為，校園中許多孩子們對愛慕者的追求行為，根本已經觸犯《跟騷法》了。

《跟騷法》立法的用意，除了保護那些被反覆不當追求、深受困擾的人之外，更期待國民在性與性別互動上，有著尊重他人的意識。所以，不論是性教育或情感教育，其本質都是「尊重」——尊重自己，也尊重他人。

然而，如果大人不願意和孩子談，孩子們是如何學會性事的呢？

　　自然是從網路上、A片中或者同儕之間的口耳相傳，獲得似是而非的性觀念，裡頭充滿了各種迷思、誤解、幻想、偏見甚至歧視。而男孩比起女孩，在文化上還被鼓勵更主動、積極、具侵略性，偏差的性觀念讓許多男孩成為性犯罪的潛在加害人而不自知。

　　雖然男孩與女孩的性別教育一樣重要，但我欣見有一本專門給男孩的性別教育指南《越早學越好！給兒子的性教育：從認識身體到網路性暴力，一次解答兒子會遇到的56種性教育問題》，書裡談及性別教育的各個面向，包括性的生理發展、身體界限、性行為、性暴力、親密關係與健康的性別互動等，特別對近來時常發生的網路性暴力，著墨甚多。

　　身為大人，你是從何處得到這些性觀念呢？藉此，你也可以檢視自己的性觀念是否正確，會如何影響孩子的性別教育。

　　請記得，孩子不會在長大後，自然就具備健康正確的性知識。大人越早教，孩子的心態越健康，不安全性行為或性暴力的風險，都會大幅降低。

　　如果你羞於啟齒，閱讀這本書，正是最好的開始。

陳志恆 諮商心理師、暢銷作家

推薦人簡介
　　諮商心理師、暢銷作家，為長期與青少年孩子工作的心理助人者。曾任中學輔導教師、輔導主任，目前為臺灣NLP學會副理事長。著有心理勵志及親子教養等暢銷書共八本，為2018～2021年博客來百大暢銷書作家。

性教育會左右兒子的一生

我在二〇二〇年出版的《世上最簡單的兒童性教育》（세상쉬운아이성교육）這本書，上市兩天內就創下了二刷紀錄，某間育兒綜合支援中心甚至一口氣訂購七百本，得到了全國民眾的關注與厚愛。時至今日，這本書依然盤踞在各大書店的暢銷排行榜上，而我也有幸受邀參加 MBC 電視臺節目——《直播今日早間》（생방송오늘아침），以全國民眾為對象進行性教育。

每當收到讀者回饋，「這真的是一本非常寫實的性教育書籍」、「是可以用來和孩子溝通的人生書籍」、「多虧這本書，讓我對性教育多少有些把握，也能夠馬上實踐，非常感謝作者」，都會令我倍感欣慰。

不論線上還是線下，至今我總共接觸過二十多萬名家長，尤其是家中育有男孩的母親，經常會對我傾訴煩惱。還記得其中一名母親問我：「我不曉得該如何對兒子進行性教

育，畢竟我不是男生，該怎麼教他才好？」

　　其實不只母親，就連有些父親都不知道該如何對兒子進行性教育。先前就有遇過一名育有三子的父親，特地安排休假來聽我演講，並向我表示：「我會擔兒子將來不小心成為性暴力加害者。因為就算在校成績再好、未來成就再高，只要在性方面犯下失誤，過去累積的種種就會毀於一旦。如今，我認為性教育是足以左右孩子一生的知識，我對於您說的『性教育就是人性教育』這句話深表認同。」

　　綜觀現今養育男孩的家長們，多少都會擔心自己的小孩某天無端捲入性暴力問題；而我過去在教育現場，也同樣聽過無數家長對此事感到擔憂。因此，為了提供更為明確的解決對策，我決定提筆寫這本書。

Telegram「N 號房」事件，消失的性暴力界線

　　二〇二〇年，發生了一起與 COVID-19 同樣震撼世界的事件——Telegram「N 號房」事件。這起事件不僅揭露許多受害者是未成年的事實，甚至連加害者也有好多是十幾歲的青少年涉案。事後警方證實，Discord 裡的性剝削影片頻道經營者與散布者，大部分都是未成年，實際經營頻道者甚至有一名年僅十二歲的「觸法少年[1]」，而無端捲入「深偽

1　滿十二歲未滿十四歲的刑事未成年人。

技術[2]」的受害者也才十幾歲。這種事情看在現今家長和大人眼裡，著實令人難以置信。

疫情之下，隨著透過網路上課的學生大幅增加，孩子們也變得更常暴露在數位性暴力犯罪的危險下，最可怕的是，數位性犯罪早已使性暴力的界線愈漸模糊，甚至消失。如今，孩子在家中不論何時，就連此時此刻，都很可能不慎成為性暴力受害者或加害者，鎖定這些孩子為主要目標的數位性犯罪者，也與日俱增。因此，從現在起，我們一定要透過性教育來培養孩子們對性的健康認知，以及辨別是非的能力。

兒子的性教育，打算推遲到何時？
趁後悔莫及前立刻開始吧！

現在的小孩是以高鐵的速度認識「性」這件事，可是身為父母的我們又是如何呢？我看多半都還停留在區間車般傳統火車的速度，對於孩子的性教育毫無頭緒。所以當務之急，家長一定要能夠跟得上快速變遷的時代，配合孩子們的速度，事先學習性知識，做好萬全準備才行。

比起透過其他管道，由家長親自為孩子們進行性教育最好。因為當前學校或各機構，無法提供孩子們充足的性教

2　基於人工智慧的人體圖像合成技術應用，也就是俗稱「AI 換臉色情片」。

育是擺在眼前的事實，而孩子們最容易受影響的地方則是家庭。尤其現在的孩子，非常容易透過智慧型手機和網路接觸到無差別、刺激性、偏差扭曲的性資訊，對性暴力也愈漸無感，導致性犯罪事件層出不窮。因此，我們千萬不能心存僥倖，認為「我的小孩應該不會做那種事」，不斷向後推遲性教育。

許多家長都要等孩子真正出事以後，才會正視性教育的重要性；得知自己的小孩牽涉性暴力問題時，才驚覺事態嚴重，懊悔不已。每當看見有家長為此痛苦不已時，都會不禁感覺自己肩負重任，應該要為停止這種問題盡一份心力，幫助大家從在家中開始對孩子進行性教育。

兒子啊，來認識性教育吧！

這本書主要是在介紹如何與小孩談論「性」這件事，透過家長對性教育的好奇與疑問，點出每一章節的主題，再以回答的方式展開內容；與此同時，這也是一本綜合指南書，可以解開孩子們對性的所有好奇。除此之外，本書秉持著「性教育是實戰也是實踐」的原則，除了提出問題外，還詳細介紹在生活中如何應對、實際解決方法。

我敢保證，這絕對會是一本解惑之書，幫助茫然無助、不知如何對小孩進行性教育的父母解開所有困惑；透過這本書，各位會學到如何與子女開啟性話題，並成為子女最親

密、最優秀的性教育專家。

本書共有三大特色。第一，展現最新的性教育趨勢，納入豐富實例，讓初次閱讀本書的讀者都能輕鬆理解。第二，收錄了家長擔心的性暴力問題，並提供如何提升孩子感受力、正確解決問題的方法。尤其是日益嚴峻的數位性犯罪議題，各式各樣的實例與應對方式，皆收錄於本書當中。第三，提供具體「行動方案」，讓讀者不只停留在閱讀，而是可以馬上應用於實際情況，畢竟還是要能學以致用，才會內化成自己的知識。

全書總共分成五大章，第一章是在展開性教育之前，家長面對性這件事該具備的基本心態；主要講述兒子的性教育為何重要、為何需要，並介紹目前的性教育趨勢與方向。第二章至第三章則是將內容分成青春期前與青春期後，提供不同時期適合小孩的性教育方法，以及一一解惑家長們好奇的各種性問題。第四章是在講述當孩子萬一不慎成為性暴力受害者或加害者時，家長該如何處理面對，以及如何預防數位性犯罪的具體方法。最後第五章則是介紹孩子們會好奇的性問題，但家長往往不知該如何回答的常見問答集。

這本書是以「儘管閱讀完畢仍有不解之處，依然可以隨時翻閱，輕鬆翻找答案」的架構組成。

不論如何，以性教育為優先！

　　如今，我們已經能切身體會，性教育是每個人都迫切需要且極為重要的事情，只是許多人還不了解確切執行的方法。我常說，性教育是「價值觀教育」，在生活中要親身實踐才會見效，就好比學英文和運動一樣，不能只有透過文字學習，要透過身體力行才會有成效。假如各位已經下定決心投資寶貴時間閱讀本書，希望可以主動地、以自己為主體去閱讀並實踐。即使家中只有男孩，也十分推薦閱讀和本書同期出版的《越早學越好！給女兒的性教育》（中文版預計於 2022 年下半年出版），相信能為兒子帶來更具深度與廣度的性教育。

　　我很敬佩世界上的所有家長，因為家長有如燈塔，能夠為迷失方向的船隻指引明燈，讓船隻安全回港。期盼這本書也能像燈塔一樣，提供不知該如何對子女進行性教育的各位，一絲光線與希望。

　　我的目標是幫助所有家長，都能順利地為自己的小孩進行性教育，因為「性教育是愛自己、愛小孩最正確的方法」，希望各位可以藉由這本書，了解當今性教育趨勢，並順利落實執行。

李錫遠

目 錄

第一章 ─────

不要對兒子的
性教育感到害羞

第五章 —— **兒子會好奇的
十一個性問題**

後記

你的性知識合格嗎？

（填寫以下是非題的答案）

編號	內容	O	×
1	沒有勃起也有可能射精。		
2	男性的龜頭與女性的陰蒂是相同器官。		
3	自慰或性關係次數過多，容易導致性器官形狀或顏色出現改變。		
4	懂得照顧、保護女生才是帥氣的男生。		
5	自慰會使身體長不高。		
6	男性的生殖器愈大，愈能在性事上滿足女性。		
7	只要體外射精，就不會使女性懷孕。		
8	男性一輩子都能夠生產精子。		
9	男性只要到青春期，就一定會夢遺。		
10	青少年可以購買保險套。		
11	要有醫師處方箋才能購買事後避孕藥。		
12	與愛滋病患者握手、擁抱，也可能被傳染愛滋病。		
13	光是接吻也有可能得性病。		
14	光是觀看、持有非法拍攝的照片和影片，也算犯法。		
15	性暴力起因於男性難以克制的性衝動。		

答案

1	○	2	○	3	×	4	×	5	×
6	×	7	×	8	×	9	×	10	○
11	○	12	×	13	○	14	○	15	×

測驗結果（答對題數）

11～15 題：健康的綠燈！

　　　　　具備健康良好的性知識，對性不帶有任何偏見。請將
　　　　　自己健康的性價值觀，多多分享給周圍人士。

6～10 題：需要進步的黃燈！

　　　　　雖然對性有健康知識，但仍有待加強。

0～5 題：需要加油的紅燈！

　　　　　從現在起，努力學習性知識，培養健康的性觀念。

第一章

不要對兒子的
性教育感到害羞

⓪① 父母比小孩更需要先接受性教育

父母和子女，哪一方更需要接受性教育？兩方當然都需要，但我個人認為，父母的性教育比子女更重要 1 億倍。原因有二。第一，家長如果沒有充分的性知識，就無法正確處理孩子的性問題或行為；第二，不論對子女的性教育教得多好，只要家長在家中未能落實遵守，教育效果就會大打折扣。

假設孩子在學校受到的性教育，是觸摸他人身體前一定要先取得對方同意，但是家長在家中，卻老是未經孩子同意就觸摸他們的身體，甚至在孩子明確表達不願意時，還繼續上下其手。那麼，孩子們就很容易出現混淆，因為明明學校教他們，要事先取得對方同意且尊重別人的身體；在家中卻得不到家長的尊重。我四處演講，接觸過二十多萬名家長以後，不禁更深刻體會到這個事實——家長比孩子更需要先接受性教育。

從未接受過性教育的父母，也會不曉得如何指導小孩

家長對性一竅不通也許是理所當然之事，因為就連家長本身都從未接受過正規的性教育。光是在我小時候，就從未上過一堂真正的性教育課程，只有觀賞過一部精子與卵子相遇結合的影片，健康教育大部分的時間，學生都是趴在桌上睡覺；實際到了演講現場，也會經常遇見過去從未接受過性教育的大人。正因為從來沒有接受過正規的性教育，所以自然會不曉得該如何對子女進行性教育。

EBS 電視臺《LIVE TALK 父母》（라이브토크부모）節目裡，曾針對父母進行過「性教育，因為這點而感到困難！」的問卷調查，結果顯示有 77％的父母因「不知道指導方法」而難以開始性教育，是所有理由中的第一名。由此可見，許多父母深知性教育對子女的重要性，卻無從得知親自教育的方法，如實呈現，急需專業講師與書籍來指導家長的現況問題。

父母對性教育有所誤會的兩種原因

01. 父母本身缺乏性知識

性暴力相關新聞報導層出不窮，家長也從未學習過正確的性觀念，所以屢屢看見這種新聞時，都會感到十分不安，並且用負面眼光看待性好奇或性教育。

02. 談到性，只會聯想到性行為與性器官

通常談到「性」，就會直接聯想到十八禁成人電影，或成人性愛影片裡出現的性愛場面。由於都是一些演員赤裸著身體在做那件事情，所以會擔心孩子透過性教育接觸到這些內容，甚至進一步模仿。

不過，家長的這些擔憂，反而會阻礙小孩學習正確的性知識，而且最令人惋惜的情形是，像這樣不斷向後推遲性教育，等日後爆出問題時，才開始尋找專家協助。其實「性」不只談性行為，其中還包含了人性、愛、生命、尊重、平等、責任等各種價值觀，性教育，是在教導孩子用什麼方法去理解並尊重這些事。

受傷的孩子，需要家長帶領認識性教育的理由

曾經，有個孩子透過社群聊天軟體向我申請諮詢，他是一名國小五年級的學生，曾在學校聽過我的性教育演講，因為家長對性有著錯誤認知而使他內心受傷。某天，孩子在家中看 YouTube 影片複習英文，家長則是趁那段時間到賣場採買。孩子被濃濃睡意籠罩，不小心睡著，家長回到家中時，卻發現孩子的房間裡傳出奇怪的聲音，進入房間一看，赫然發現孩子的智慧型手機竟然在播放國外的色情影片。

家長當場把孩子叫醒，大聲痛罵：「你也太誇張，竟然會看外國色情片？你是為了看這種影片而學習英文嗎？」家

長不分青紅皂白地對著孩子劈頭就罵，後來才知道原來是被YouTube 的「影片自動播放」功能（影片結束後，會隨機自動跳至其他影片的播放功能）擺了一道，孩子表示自己十分冤枉，又不是刻意去搜尋影片觀看，雖然嘗試過多次想要與父母溝通，家長卻不提供任何解釋機會，最終甚至把他的智慧型手機沒收了。

我聽著這位學生的故事，對於他的遭遇感同身受，也安慰他這並非他的錯，擔心他會不會對父母的信任出現裂痕，或者親子關係惡化。從這件事情我們可以看出，孩子只是因為手機莫名其妙跳出一支不雅影片，就未受到尊重。假如該名學生的家長有事先接受性教育，知道自己要用什麼方法面對小朋友看色情片一事，就絕對不會如此嚴厲地訓斥小孩。當時該名男同學向我表示，至少還可以對我講述此事已經深感萬幸。

從今以後，父母先學習，再教育子女

到目前為止，因為從未接受過正規性教育，所以對性沒有正確認知是理所當然的事。但是從今以後，不能再向後推遲性教育了，在現今這種網路時代，孩子往往比家長當年更早接觸「性」，有些孩子甚至比家長更了解「性」。如今，家長要先補強性知識，做好事前準備才行，這樣才能用最自然的態度，面對子女突如其來的性提問與舉動。

世上最棒的性教育專家是誰呢？

答案是「家長」。

我相信正在閱讀此書的你，一定也想提供孩子正確的性教育。其實家長有義務提供子女正確的性觀念與價值觀，「價值觀」一詞在辭典上的意義是「對人生或某種對象進行好壞、對錯、正當與否的判斷觀點」，而家長的任務，就是要指導子女樹立看待「性」這件事的判斷標準。

不論做任何事，只要有好的開始就是成功的一半，目前正在閱讀此書的你其實已經成功一半了，別再對小孩的性教育採取放任態度，當家長成為性教育的主體時，子女才會從小建立出健康的性價值觀與態度。

⓸ 兒子的性教育，該從何時開始？

在教育現場，我經常被問及該從何時開始對子女進行性教育的問題，而每當我拿這個問題反問家長時，往往會得到「應該愈早開始愈好吧」、「孩子才就讀國小，好像還太早了」等各式各樣的回覆。

聯合國教科文組織建議從五歲開始，
性教育愈早開始愈好

根據聯合國教科文組織發表的《國際性教育技術指導綱要》是建議從五歲開始進行性教育。報告書中把學生分成四個階段：5～8 歲、9～12 歲、12～15 歲、15～18 歲以上，提供適合各年齡層的性教育方式。通常只要滿五歲，性方面就會開始有所發展，所以孩子們需要正確認識自己身體上的每一個部位。性教育其實愈早開始愈好，最近因社群網站及媒體的蓬勃發展，導致年幼的兒童也暴露在不雅影片的危險當中，因此，在他們透過這些影片接觸到充滿刺激的「性」

之前，最好先藉由性教育傳遞正確性知識，培養孩子們的辨別力與判斷力。

性教育是從出生開始，在日常中進行

性教育是從孩子出生的那一刻開始，絕非某天突然下定決心「從今天開始吧！」然後才進行，因為這麼做，對小孩和家長來說都會倍感壓力。就好比孩子在肚子裡時就開始對他進行胎教一樣，應該由家長陪同進行，把日常生活中感受的一切，都拿來作為性教育的題材。

我們可以先從簡單的開始輕鬆說明，比方說，孩子在洗澡時，告訴他私密處（陰莖、陰唇）的正確名稱，分享自己過去夢遺、初經的經驗，或者談戀愛的故事，這些都是非常自然的切入點。只要有好的開始就會是成功的一半，相信我，只有一開始會覺得比較困難，真正嘗試後會發現其實不難。

平時就要和小孩保持對話，維持互信關係，性話題就不會是令彼此尷尬或不舒服的話題。家長和孩子談論性話題，其實有助於小孩建立良好穩定的性價值觀，透過日常閒聊，親子關係也會變得更為緊密，購買性教育書籍一同閱讀，也會是不錯的方法。

懷孕時，把性教育當成胎教來聽演講的夫妻

在我進行全國巡迴演講時，不只有家長會來聽講座，就連孕婦也會來上課。過去我就有遇過一位孕婦，和先生一起前來聽我演講，我問他們孩子尚未出生，為什麼這麼早就來聽演講，於是該名孕婦回答「老師，因為我自己也從未接受過性教育，所以特地來聽您演講，想要提前做好準備。許多人都對性教育感到茫然、困難，但是要從自己開始做準備，以後才知道要怎麼教小孩。我先生平時也會閱讀一些性教育書籍，時時刻刻充實自己。」

「哇，非常優秀！」當時不只是我，就連在場所有人聽完都掌聲如雷，通常英語或數學，也都是等孩子到了一定年紀以後才開始接觸，但是這對夫妻竟然這麼早就開始準備認識性教育，著實令人敬佩。看著這對夫妻，讓我由衷地感受到，其實性教育的起始點完全是取決於家長的「心態與態度」，像這樣超前部署的家長，日後也能從容自在地對小孩進行性教育。

假如只有一味地煩惱該從哪個時間點開始對小孩進行性教育，最終只會錯失良機。我們不該視性教育為另外一項獨立的教育科目，而應將其視為可以直接在家中進行的生活教育。所以，擇日不如撞日，今天就在家中溫柔地抱住小孩，與他們談談有關性的話題吧！將性議題自然融入在日常交談當中，便是性教育的開端。

⑬ 兒子的性教育，
不只是媽媽的責任

　　每次以家長為對象進行性教育時，都會發現前來上課的人當中有 98％以上是媽媽。而媽媽們聽完我的演講，往往都會怨嘆應該讓爸爸先接受性教育才對，因為有太多爸爸會不顧孩子的觀感，在家中打著赤膊來回走動，或者對子女的性教育漠不關心。當然，也不是所有爸爸都這樣，我也有看過比媽媽更認真看待性教育這件事、在孩子面前以身作則的爸爸，但不可否認比例懸殊，這樣的爸爸少之又少。

父母都要接受性教育的理由

　　性教育要由父母一同進行才會比較有效，這樣子女才會用平衡、平等的視角去看待「性」這件事。正因為性教育是價值觀教育，所以並不是只有傳遞知識，更重要的是與孩子對話，但是光靠媽媽與孩子的幾次對話，並不代表性教育就

完成，而是要將日常生活打造成可以輕鬆談論性話題或性煩惱的氣氛才行。

當爸爸一同參與時，會比媽媽一個人進行來得更容易營造出這種氛圍。因此，爸爸在家中擔任何種角色、做出何種舉動就變得至關重要。

為了幫子女養成平衡、健康的性價值觀，爸爸要先積極參與育兒和家事，並對子女進行性教育，透過這樣的過程，爸爸與子女的關係會變得愈來愈緊密，換言之，父母共同經營日常生活也是性教育的一部分。

向北歐國家父親學習性教育的重要性

有別於韓國，在瑞典、挪威、芬蘭等北歐國家，「國民性教育」體系早已成熟，在性教育領域號稱世界第一的北歐，正進行「斯堪地 Daddy」式性教育。所謂「斯堪地 Daddy」指的是遵循北歐育兒方式的爸爸，在與小孩平等的關係中，強調情緒穩定與自律性。

「斯堪地 Daddy 告訴我們『對性抱持開放態度』，他們是一群每天會念一頁性教育書籍給孩子聽的慈祥爸爸。北歐國家只要到六、七歲就會開始進行性教育，到了十五歲就會出於義務，教導孩子如何避孕。在芬蘭，小孩只要滿十五歲，就會自動收到一盒附贈保險套的『性教育套裝禮盒』，該項政策的結果，締造出十幾歲青少年的懷孕率是世界最低

的紀錄。」（金永火，「十五歲收到的保險套禮盒……讓十世代懷孕率創下驚人數字」，《東亞日報》，2013.2.28）[3]

北歐國家中，瑞典是最初實施性教育的國家，也是世界上性教育最發達的國家。瑞典是爸爸最積極參與育兒的國家，那裡甚至有「拿鐵爸爸」一詞，也就是一手拿著咖啡，一手推著娃娃車（娃娃車的韓文帶有「母」字，為了打破娃娃車是給母親推的既定印象，近年來已逐漸改稱「幼兒車」）走在路上，積極參與育兒的爸爸。瑞典的拿鐵爸爸育兒法並無特殊之處，只是盡可能多參與育兒，專注於小孩，投入時間陪伴。所謂參與育兒，其實就是增加和子女相處、對話的時間。

從現在起，和父母一起開始認識性教育吧

我在全國各地巡迴演講時，見過一名國小家長會的男性會長，雖然光國小就造訪過數百間，那卻是我第一次見到男性會長，他為了認識性教育計畫，特地休假前來聽我的講座，可見他對性教育的關注度絕非一般，實際上對兒子的性教育也進行得很好、很自然。

我很好奇他的方法，他回答：「一開始我也不曉得該如何進行，所以就先從和孩子一起吃飯開始慢慢增加相處時

3　김영화，〈15 세면 콘돔 자동선물⋯10 대 임신율이 '헉'〉，동아일보，2013. 2. 28.

間，每到週末就一定會陪他到戶外玩耍，然後一點一點向他提起有關性方面的話題，於是我們的關係也逐漸變得比以往更親近了。現在我和他可以很自然地聊夢遺或自慰等話題，兩人也經常一起去旅行。」

像這樣不只是母親，父親也要關心子女，對孩子們進行性教育才行，這麼做不僅能起到性教育的正面效果，還能和孩子關係變得更加緊密，簡直就是一舉兩得。

子女會在家中模仿父母的性角色、性態度，所以父母一定要扮演好兒子對性感到好奇時，可以毫不避諱詢問的窗口才行。尤其比起母親，具有相同身體特徵的父親更容易感同身受、親自指導（如：夢遺、勃起等）。性教育也和育兒一樣，不是幫助，而是一同參與。從現在起，先牢記性教育不再只是母親一人責任，而是人人有責的事實，再來開始執行。

04 健康、自然的態度最重要

　　我講過五千多場演講，遇過二十多萬人，如果要我在性教育當中選出一件最重要的事情，我會毫不猶豫地回答：「態度。」性教育不只是單純傳授性知識，而是對價值觀與態度的教育。

　　不論具有多麼豐富的性知識，只要態度不自然、不自在，就很難對孩子進行教育。像我就有遇過許多性知識淵博的醫生或博士，向我表示自己實在不曉得該如何對子女進行性教育，每當要開啟性話題時，就會不自覺小心翼翼，或者先一股腦地制止再說。

白種元[4]、姜亨旭[5]、吳恩永[6]的教育共同點？

　　在韓國，每個領域都有專門解決問題的專家，餐飲界有

4　백종원，韓國知名廚師、企業家、主持人、作家。

5　강형욱，韓國知名訓犬師、企業家。

6　오은영，韓國知名精神科醫師、大學教授、作家。

白種元代表，訓練寵物犬有姜亨旭訓犬師，育兒有吳恩永博士，我身為 SBS《白種元的胡同餐館》（골목식당）、KBS《狗狗很優秀》（개는훌륭하다）、Channel A《最近育兒：如黃金般珍貴的孩子》（금쪽같은내새끼）的忠實觀眾，著實因節目內容而獲益良多。

我們如果仔細留意以上幾位專家，在節目中的教育方法，就會發現一項共同點：讓被教育者的「態度」有所轉變。比方說，在《狗狗很優秀》中，姜亨旭訓犬師會實際走訪飼養寵物犬卻遇到問題的飼主家中，提供明確又有效的解決方案。一般來說，寵物犬的問題多半不是來自動物本身，而是因為飼主不熟悉養狗方法導致。

在號稱動物福祉先進國的德國，民眾要先通過筆試與實際操作考試，取得養狗執照後才得以飼養寵物犬，由此可見，養育一條生命，是需要具備充足的知識與準備才行。姜亨旭訓犬師在節目中，會指導飼主最適合該寵物犬的訓練方法與態度，並協助解決問題。

《最近育兒：如黃金般珍貴的孩子》裡的吳恩永博士也是，其實仔細觀察孩子的問題行為，會發現問題往往出自於家長。吳恩永博士會先對家長說明最合適的養育方法與態度，再提供適合該名孩童的育兒方針。《白種元的胡同餐館》裡，白種元代表也會提供明確的改善方案，並於一段時間過後重返店內檢查，結果顯示著就算老闆得到再好的改善

方案，只要態度始終不改，就很容易重回原點、重蹈覆轍；反之，虛心受教且繼續保持改變的店家，則容易脫胎換骨、生意興隆。

這三人的專業領域不盡相同，卻經常提及「態度」的重要性，態度兩個字在字典上的意義為「對待某件事情或某種情況的心態，或者展現該心態的姿態」。最終，健康的心態與態度，才是解決問題的根本之道。

性教育的三大核心心態

那麼，對子女進行性教育時，家長該抱持著什麼心態呢？請牢記以下三點：

01. 父母先開始練習，用健康平常的心態去看待性

假如父母對性抱持著負面、不便談論的感覺，這樣的心態自然也會在無意間反映在性教育上，那麼子女對性也會留下同樣印象。父母如果總是對性表現出負面態度，子女也就不會想與父母開啟性對話或談論性議題。因此，先從家長開始用健康、自然的態度看待性，才是最重要的關鍵。

02. 承認孩子也是性存在

我們每個人都是性存在，也就是有「性慾」的意思，因此，會好奇關於性的問題或做出相關行為。然而，許多家長

會對於子女自慰、談戀愛、對性感到好奇等行為過度擔心。歸根究柢，就是沒有承認孩子是性存在，而且當子女展現與性相關行為時，表現出負面反應，甚至想要控制。愈是如此就愈會與子女漸行漸遠，所以一定要先承認子女同樣是性存在，才能夠自然而然展開性教育，這點一定要牢記在心。

03. 父母在日常生活中先做好榜樣

性一直都存在於日常，而父母是子女的鏡子，所以在家中做好榜樣至關重要，畢竟子女最容易受影響的地方就是家庭。當我們在碰觸子女的身體或準備親吻他們之前，都需要先徵求同意才行，如果自己都未能以身作則，卻要求孩子務必做到，實在是有點說不過去。家長在家裡要先做好榜樣，子女自然會仿效學習。

健康、自然的態度是性教育的核心

我個人是透過母親學習到，在性教育這件事情上，態度何等的重要。我母親雖然從未接受過性教育，面對我的性提問卻也從未閃躲或展現負面態度，假如是她不知道如何回答的問題，也會告訴我：「媽媽現在不太清楚，要不要從書裡試著找尋答案？」對我的提問表現尊重，而且她也不是只有買書給我閱讀，而是親自和我一起閱讀。多虧母親這種態度，使我到如今這把年紀，都還是能與母親自然、自在地暢

談性議題。

一名居住在始興市的母親表示，自從聽完我的性教育演講以後，變得可以在家中與小孩暢談性教育。「老師，我一開始會對性感到很害羞、不自在，但是聽完您的演講後，決定為了兒子先從自己開始改變，用健康的角度去看待性這件事，從此之後，只要和兒子談到性話題，就不會再對他生氣或刻意迴避了，反而努力專注聆聽，也因此，我們母子倆的關係變得比以往更加親密。」

由此可見，家長的健康態度可以使子女健康成長，先從家長本身用健康、自然的態度看待性，這樣的心態才會反映在表現上，從容自在地對小孩展開性教育，而不再是令人尷尬的禁忌話題。孩子看待性的世界觀，究竟是負面陰沉還是開朗自信，全權取決於家長的性認知與性態度，這也是為什麼我不斷強調，從家長開始正確認識性，才有辦法正確指導小孩的原因。

性教育並非單純傳授性知識，而是教育子女要用何種態度與主觀意識生活下去，為了讓家長建立出健康自然的態度，現在就來始認識性教育吧！

05 家人之間也需要嚴守分際，尊重界線教育

「我在家中洗澡，媽媽卻說她急著上廁所，於是就直接開門闖進浴室。我瞬間嚇了一跳，還不小心跌倒在地，一屁股坐在地上，導致臀部瘀青。那天，比起跌那一跤，我對於媽媽看見我的裸體一事更害羞。不只是浴室，媽媽也會直接闖入我的房間，實在令我不安心，也不自在。然後，我已經向她多次反映過不喜歡她老是捏我的臉頰、拍我的屁股，她卻依然我行我素，真心希望她不要再對我做出這些舉動。」

在性教育講座上遇到的這名男同學，內心似乎對母親累積了不少埋怨。假如在原本該感到舒適安全的家中，卻未能受到身體界線上的尊重，孩子們就會在心理上感到畏縮焦慮。我們有時會因為是家人而侵犯到子女的界線，或者未能尊重他們的身體，但其實在家中更需要做到這一點，這樣子女也才會懂得守護自己，並尊重他人的身體界線。因此，即使是家人，也需要嚴守分際。

身體與精神兩種界線

所謂界線（Boundary），指的是事物依照某種標準進行區分的邊緣分界；因此，尊重一個人的界線即表示，透過那條線去從身體及精神層面來保護自己與他人。

我們的周遭總是充斥著界線，不論是國與國之間，街道與街道之間，車輛與車輛之間，人與人之間，甚至就連物品與物品之間也存在界線。而將這一切區分開來的東西正是界線，無論肉眼能否看見，世間萬物都存在界線。

駕駛車輛時也是，雖然沒有一條明確界線，前車與後車之間仍需維持一段距離才能夠預防發生事故。假如不去遵守這條界線，擅自跨越的話，又會發生什麼事呢？很可能會引發戰爭、交通事故、衝突、暴力；換言之，一旦侵犯了那條線，雙方都有可能陷入危險。

大致上，界線可分為身體與精神兩種界線，前者指的是自己與他人的身體，假如與對方的關係並不熟，對方卻觸碰到我的身體部位，或者未經同意就擅自觸摸，即侵犯到身體界線；精神界線則指心理界線，比方說，擅自評論我的外貌、用不舒服的眼神對我上下打量、探問我的私生活等，這些都屬於侵犯到精神界線。沒有界線就很容易產生誤會，需要忍受不舒服的狀態，為了彼此都能安全舒適，維持適當距離互不侵犯是必要之舉。

即使是再熟悉不過的家人，也不能在未經同意的情況

下，就直接強行擁抱或親吻；就如同「界線消失，關係也消失」這句俗話所言，家人之間也要懂得相互尊重、嚴守分際，才能夠避免起衝突。

在家中如何教育小孩尊重界線

尊重界線的最佳方法之一，是訓練子女平日在人與人相處時，坦白表達自己的感受與想法。不論是好的、壞的、不悅的、不舒服的，還是尷尬的、錯愕的情感，都要告訴他們如實表達出來。

韓國兩性平等振興院的李賢惠（이현혜）教授，就在一本談論兒童性暴力的書籍——《喜歡妳，為什麼不能抱抱妳？[7]》中，藉由以下方式，說明事前預防性暴力的「尊重界線教育」：

為了預防兒童性暴力，遵守「界線」是必要之事。自己要先能夠認知自己的界線，並且不肆意侵犯他人的界線才行，這點極為重要，而這也是對彼此的尊重與體貼。

請於家中設定好尊重界線原則，並用以下三種方法教育子女。

7　原文書名：《좋아서 껴안았는데, ?》，童夢館事業部，2018 年出版。

第一，自己的界線要受人尊重，也要懂得尊重他人的界線。

第二，當有人要準備侵犯界線時，明確說出「我不喜歡！不可以！」但是，假如未能明確表達，也不代表是自己的問題。

第三，想要跨越對方的界線，或者想要觸摸對方身體時，一定要事先徵求對方同意（允許）。假如對方表示「我不喜歡！不可以！」就要尊重對方的感受並立即停止。

家長要在日常生活中不停對小孩進行尊重界線教育，才能讓孩子們對界線培養出靈敏度，進而迅速認知到性暴力的情況，並做出正確應對。

養成「叩叩叩」的好習慣，會使子女變「聰明」[8]

只要在家庭、日常生活裡，親子之間都能夠落實尊重彼此界線即可。比方說，準備走進主臥房、兒童房、廁所等空間時，遵守先敲門後進入的習慣，直到裡面的人回應、同意，才得以進入，否則都要先站在門外等待。像這樣「叩叩叩」的好習慣，會使子女變「聰明」。

一開始可能會對於要遵守界線一事感到不便，但是等適應一段時間之後，絕對會變得熟悉自在，就好比 COVID-19

8　韓文的敲門擬聲詞恰巧與聰明是同字同音，因此，作者在此才會用取諧音的方式呈現。

初期大家對於戴口罩都感到不適應,但是經過幾個月之後,所有人都能養成出門戴口罩的習慣,因為民眾知道,這是遵守彼此界線與安全的必要之事。

假如想讓子女培養對界線的敏銳度,並且懂得表達自身感受的話,就要從家庭開始營造這種氛圍,讓小孩在往後倘若不幸發生事情時,可以放心主動地向父母傾訴。

平時在舒適的氛圍裡多與小孩進行對話溝通,就能馬上察覺到孩子是否有異狀,為了培養這種界線的敏銳度,家長需要不斷對小孩投入關心與努力。

⑥ 透過「提問」打開「話匣子」

　　在演講現場最常收到的家長提問之一，便是「我們的小孩究竟對性了解多少？」家長們對於自己的小孩有多少性認知感到十分好奇，也會擔心他們是否暴露於不合宜的媒體下、會不會做出問題行為，對此，家長往往想要詢問小孩，卻又羞於啟齒。

　　因此，平時就要透過親子對話不斷訓練才行。在鮮少提問的環境裡長大的孩子，就算將來發生什麼事，也會選擇悶不吭聲，不問不答，包括對性產生好奇或疑問，也不會向家長提起相關話題。其實和孩子聊性並不是什麼困難事，透過良好的問答，逐漸打開話匣子即可。

父母與小孩聊性，卻頻頻失敗的原因

　　通常家長會覺得和小孩聊「性」很難，就算努力嘗試也經常失敗收場，原因通常是開門見山直接對孩子提問所致。

比方說，為了對兒子進行性教育而直接問：「你有夢遺過嗎？」、「你有看過色情片嗎？」各位是想，如果是這樣問孩子的話，會得到什麼結果呢？假如你還以為兒子是直來直往的性格，那可就大錯特錯了。就算提問人是家長，對於孩子來說，問及自己身體或隱私的問題依舊會非常不自在，所以千萬不能因為是自己的小孩，就用質問的口吻單刀直入，甚至打破砂鍋問到底，這樣反而很可能直接阻斷了親子溝通的機會，遭來反效果。因此，先透過日常對話建立良好的互信基礎最為重要。

我和孩子們可以暢談性話題的原因

　　我曾於首爾的一處教育現場進行過性教育，那是「自主學校」（JAJU School）開設的小班制課程，當時班上總共只有六名國小六年級的學生，下課後，我請家長提供一些回饋，結果其中一名母親笑著說：「老師，我們家載關很單純吧？他平時對性一無所知，所以我才會特地幫他報名這堂課。」

　　於是，我回答：「載關媽媽，您的兒子與我見面十分鐘後，就告訴我其實他有看過色情片。」

　　這位母親不可置信地睜大眼睛說：「什麼？不可能，您這是在跟我開玩笑吧？我的兒子怎麼可能做這種事，那麼單純的孩子竟然看過色情片，太令我訝異了。」

家長往往都希望子女是單純的，最好對性一無所知，然而，現今時代的孩子不僅早熟，單純也未必是好事。假如在毫無概念的情況下接觸到偏差、扭曲的資訊，就如同在透明清澈的水裡滴一滴黑色墨水一樣，很快就會四散暈染。

　　我在對孩子們進行性教育時，往往不會直接切入正題，而是先問孩子們對什麼事情感興趣，和男孩們見面時則經常以「電玩遊戲」來打開話題，比方說，「你們喜歡哪一款電玩遊戲？」那麼孩子們通常會回答，「當個創世神系列、荒野亂鬥、Among Us、絕地求生、英雄聯盟」等，紛紛列舉出他們喜歡的電玩遊戲。

　　然後當我再講出自己喜歡的電玩 YouTuber 時，孩子們就會展現出「哇！老師也知道他？」的反應，彷彿遇見知己般開始與我侃侃而談，我就是利用這種方式快速與孩子們混熟，也就是透過提問來了解孩子們喜歡什麼、對什麼事物感興趣。

透過開放式提問，打開話匣子

　　那麼，孩子究竟為何能和初次見面的我，相處十分鐘後便願意侃侃而談呢？難道是因為我很會教？不是的。孩子們和我對話時比較容易打開話匣子，是因為我都會透過開放式提問打開他們的心房，我和載關聊了一陣子關於 YouTube 的話題以後，我對他說：

「其實 YouTube 上有滿多有趣又有益的影片，可是你知道嗎？也有一些奇怪、錯誤的影片喔！老師見過的學生當中，就有人說他在 YouTube 上看過色情片。」此話一出，載關就展現出彷彿想到什麼的表情，並告訴我：「老師，之前我朋友就有在 YouTube 上看到色情片，然後透過聊天軟體把連結傳給我。」

假如那天，我對孩子們說，「色情影片是不好的喔！你們有誰看過？」的話，又會有什麼樣的結果呢？我想所有人一定默不作聲，不敢承認。然而，我採用的是先透過 YouTube 和孩子們建立共同話題，再引導孩子們主動願意向我開口。

比起沒頭沒尾地突然質問孩子，我們應該利用開放式問題來幫助孩子自行思考、做決定，就算孩子的回答令你不甚滿意，或明顯是錯誤的決定也無所謂，大人只要扮演好指導員角色即可，讓孩子自行思考、為自己負責。

起初，我的授課技巧也不夠純熟，尤其愈鑽研就愈會發現，性這個領域是沒有百分之百的正確答案，所以除了基本性知識外，我開始擴大研讀說服、共感、尊重等領域的書籍，了解到提問的重要性，也多虧有這段過程，讓我懂得在教育上透過開放式提問吸引聽眾打開話匣子。

要當提問道士，而非沉默道士

　　最重要的是，向子女提問時，一定要設身處地為他們著想，並且抱持尊重他們的心態才行。《金錢的祕密：對待金錢的方式，決定你是不是有錢人[9]》作者金勝浩（김승호）表示：「人心會透過言語顯現，言語不帶情感就無法感動或改變他人。人在交心之後，才會增加理論和邏輯。」所以先不要對孩子妄下定論，試著用心提問吧，不論孩子回答什麼，最重要的是先聽聽看孩子想說什麼。

　　假如，現在還不曉得該如何開口詢問小孩有關性的話題，那麼，不妨先問問孩子對什麼事情感興趣。一旦先用心傾聽孩子的關心事，就會比想像中更容易與孩子進入性話題。最重要的是不論何時何地能夠自在問答的親子關係，由衷期盼家長和子女，都能成為自由暢談性話題的提問道士，而非閉口不談的沉默道士。

9　原文書名：《돈의속성:최상위부자가말하는돈에대한모든것》，三采文化，2021 年出版。

07 改變你對性暴力的認知框架

　　不論是在幼兒園、幼稚園，還是學校，孩子們經常接受一種教育，那便是「性暴力防治教育」，通常問他們從中學到了什麼，都會回答：「不可以！我不喜歡！請幫幫我！」也就是在遇到性暴力時要懂得積極反抗，勇敢說不，如實表達自己的意願。

　　然而，這種性暴力防治教育其實存在許多問題，因為只有在宣導如何「應對」，問題來了，難道光靠受害者小心，就能保證性暴力事件不會發生嗎？其實性暴力往往發生在加害者的力氣比受害者更大的情況下，所以要兒童保護好自己弱小的身體，幾乎不可能。況且，這樣的教育方式也容易傳遞出「未能在遭受性暴力時呼喊求救，或強烈表達不願意的人也有責任」的訊息。

　　最終，這樣的教育方式其最大問題在於，會使受害者心生罪惡，進而不敢向家長傾訴。一直只有被教育自己要多加

小心的孩子，最終遇到問題，只會認為是自己未能按照老師或家長的話去做，所以才發生這種事，且自責不已。那麼，假如某天真的遇到性暴力，也會選擇沉默隱忍，不敢輕易向大人開口。

尤其女性從小到大的成長過程中，不論是在學校還是家裡，都一定聽過無數次這種話：「不要太晚回家、穿著要小心謹慎、因為妳是女生所以要更小心。」然而，像這樣**不斷提醒女性要小心的教育，從本質上就是錯誤的，因為問題不在受害者，而是加害者。**

如今，我們要改變性暴力的認知框架才行，所謂框架（Frame），指的就是「在認知社會現象的過程中，規範本質與意義、事件與事實等關係的直覺式框架」。當自己接觸到某個對象或某種問題時，會依照自己的框架做出不同解讀，尤其是用什麼樣的框架看待性暴力，也會決定用什麼角度對子女進行性教育。

對性暴力的幾種偏見

穿著比較裸露容易引誘犯罪？

有些人會把性犯罪的原因，歸咎於女性穿著太過清涼。那麼，穿著裸露、清涼的標準是什麼？伊斯蘭國家女性是要戴希賈布的（遮住頭部與頸部的頭巾），其他人只會看見這些女性的臉部或雙眼。假如性犯罪的原因是「裸露」，那

麼，這些國家的性犯罪者，豈不是只會性侵女性露出的雙眼？這邏輯是說不通的。過去有一場展示會，把在比利時首都布魯塞爾遭遇性侵的女性衣著，拿出來展示，然而，我們會發現那些都不是什麼清涼服飾，而是極其平凡的衣物。因此，把原因歸咎於裸露，等於是把責任怪罪於受害者，這是極其錯誤的觀念。

男生無法控制性慾？

男生無法控制性慾？這是什麼天方夜譚，世上沒有一個男人會因為難以控制性慾，而在大街上突然脫下褲子大喊：「啊，實在太難忍了，找個人發洩吧！」不僅如此，「男人的性慾比女人強」、「男人比女人更容易興奮」、「男人對於裸體比較無法招架」等這種荒謬的既定印象也無所不在。這種偏見等於是把性犯罪的責任，歸咎於是女人不夠小心導致，甚至還可能正當化性犯罪行為。

雖然性慾是自然現象，但能否控制是社會範疇。在傳授「性慾是無法控制」的觀念文化裡，不只女性，就連男性也深受其害，因為男性也有可能是性犯罪受害者，像這樣的偏見等於是把男人視為禽獸不如的存在，對男人來說也是一種羞辱。

小心陌生人？

提到性暴力，往往會認為是在深夜或經過人煙稀少的地方時，被陌生人侵犯；然而，事實上熟人性侵（家人、朋友、鄰居、周遭人士）遠比陌生人性侵案件還要來得多。根據韓國性暴力救助中心發表的《2019 韓國性暴力救助中心諮詢統計及諮詢動向分析》報告顯示，熟人性侵案例占87.6%；事實證明，對方愈是熟人愈難表達抗拒。因此，這也是為什麼要透過性教育從小提醒小孩，就算是熟人，也絕對不能在未經同意的情況下，肆意觸摸你的身體。

受害者總是痛苦不堪？

「性暴力受害者怎麼能那麼正常？」這是許多人對受害者的錯誤觀念，認為受害者應該整日活在痛苦當中。然而，也正是因為這樣的偏見，使受害者封閉自我、難以替自己發聲。我們通常稱此為「受害者該有的樣子」，把遭受性侵害的經驗，視為一輩子難以抹滅的汙點。像這樣的錯誤通念，會讓人誤以為「性暴力受害者永難振作，痛苦到什麼事都做不了」，將此視為永難恢復的傷痛，甚至將這些人歸納成，一生都無法過平凡生活的人。

其實受害者在遭受性暴力之後，會用各自的方式，努力找回昔日生活。就如同每個人都不盡相同一樣，性暴力受害者也會用不同的方式面對這件事。有些人在遭受威脅時，會

積極尋求周遭人士協助、奮力抵抗，有些人則是整個僵住不知所措，也有些人會為了保護自身安危，而選擇服從加害者的命令。

假如他們和平日一樣生活，和朋友見面聊天，因玩笑話而面露微笑，你認為這些行為都不符合「性暴力受害者」的話，就表示你已陷入「受害者該有的樣子」的迷思。有些人在擔憂中會無力地度過；有些人則會努力保持一如既往的樣子，這些偏見只會使性暴力事件更難解決。

反之，也沒有所謂「加害者該有的樣子」。二〇二一年遭遇性暴力的一名國會議員就曾表示「**性暴力加害者並非特定族群，任何人只要未將他人視為同等具有尊嚴的存在，就很可能成為性暴力加害者。即使是過去十分傑出、優秀或受人尊敬的人也不例外。**」並點出過去高喊阻絕性暴力的人們，如今也成了加害者。因此，我們需要跳脫出「受害者該有的樣子」、「加害者該有的樣子」這些既定印象，好好正視性暴力的問題本質。

不是叫受害者多加小心，而是防止加害者採取行動

20 世紀著名哲學家漢娜・鄂蘭（Hannah Arendt）曾說：「沒想法就是暴力。」亦即，明知此事是錯誤的，卻仍毫無想法地忽略帶過，便是暴力。因此，過去不斷強調要受害者保持警戒、要受害者展現出該有的樣子，應該要徹底打

破這些框架。

如今，我們要加強防止加害行為出現的教育，而不是一味叫受害者小心提防，就如同我們經常教育孩童「不可以打人」、「不可以偷東西」一樣，透過性暴力預防教育，從小就要告誡小孩不可以做哪些「加害行為」。

我們不能再光用「受害」觀點去看待性暴力問題，一旦如此，孩子們就很可能對加害行為愈來愈無感。因此，**從孩子還小開始，就應該試著透過性教育，讓孩子體驗「加害者」的立場，這樣他們才有辦法切身體會加害行為的問題點，成為懂得尊重他人界線的人**。從今以後，我們應該要完整看待性暴力的本質，這樣才能夠提供小孩正確的性教育。

08 養成擁有性別平等意識的兒子

一般人在日常生活中會不自覺使用帶有性別歧視的言行，並將性別角色定型。「男主外女主內」或「男兒有淚不輕彈」等，這些對性別角色的既定觀念，不僅會限制一個人的發展，還會將其可能性侷限在性別裡。

性別角色的既定印象與問題

所謂「性別角色的既定印象」，指的是在同一個文化圈裡大家對男女行為模式、態度、人品、特性等分別抱持的期待，亦即，「男生是⋯⋯」、「女生是⋯⋯」或者「男生應該要⋯⋯」、「女生應該要⋯⋯」等，對性別帶有行為及態度上的固定標準。往往是從出生就開始養成像這樣的性別角色既定印象，比起生物學上的原因，較是從社會化過程中習得。

我們在日常生活中，隱隱約約都會接觸到性別角色的既定印象，比方說，男生是藍色，女生是粉紅色；男生是短頭

髮，女生是長頭髮；男生是機器人，女生是洋娃娃；男生是領帶，女生是化妝；男生是警察，女生是護士等，按照特定性別適合的角色或品味，習得限制性的資訊。

像這樣把男孩塑造成比較有男人味的過程，往往受家庭、社會、媒體影響甚鉅。我們平時觀看的電影、閱讀的教科書，會出現大量的成功人士或戰爭史，而克服困境、榮獲勝利的人大部分都是「男性」；在媒體上展現在外工作、搬運重物的角色也往往是「男性」。因此，不知不覺間就會習得社會對於男子氣概的標準，以及男孩該有的言行舉止。

然而，男性也會因難過而哭泣、和朋友聊天聊到忘我，卻因這些行為不夠有男人味而不得不克制自己，甚至認為自己不該有這些舉動。尤其男子氣概更使男性無法自然流露情感，使暴力正當化。

要擺脫男子氣概的理由

孩子一旦被侷限在「男子漢要堅強」的框架中，就會感到痛苦難受，因為會變得不能輕易表達自身情感，也需要做出違背真實感受的行為。《打破男子氣概》（*Breaking Out of the Man Box*）的作者——湯尼・波特（Tony Porter），把「因為是男生所以要怎樣」的既定印象，比喻成禁錮男性的紙箱，並主張男性同樣需要擺脫性別角色的壓抑，重拾自由。

在男性主義社會，男人從小就被灌輸要比女人堅強、不

能哭，要將競爭、支配視為平常事，並且具有某種控制權；為了有男子氣概，也不能輕易展現內心情感。這些都是透過學校及整體社會自然習得的觀念。

尤其是「要有男子氣概地去追求女性、將其占為己有」的認知，很可能延伸成對女性的暴力與性暴力。各位小時候一定都有見過喜歡惡作劇掀女同學裙子，或者趁女同學玩跳橡皮筋時，偷偷剪斷橡皮筋的男孩。這種行為往往被認為是出於暗戀或者在開玩笑，然而，這種錯誤的社會共識，反而會錯把暴力視為小事，甚至正當化這樣的偏差行為。我們千萬不能這樣教育子女，要盡可能幫助小孩擺脫這種錯誤的男子氣概，教育他們性別平等的觀念。

切勿在兒子面前展現的性別歧視言行

我們的社會雖然已經朝人人平等的方向邁進努力，但是社會裡，依舊存在各種帶有性歧視的言語，尤其是早在很久以前就已經存在性歧視，且根深蒂固，所以許多人根本不會察覺到那些言語帶有歧視。以下這些例句，是家長最好不要對兒子說的句子。

- 「不准哭，男孩子要堅強。」
- 「乖乖牌一點魅力都沒有。」
- 「你怎麼像個女孩子一樣。」

- 「你是男孩子要忍讓。」
- 「男孩子怎麼可以這麼沒力氣。」
- 「男生長大以後都要賺錢養家。」
- 「男生怎麼可以這麼卑鄙懦弱。」
- 「男生不可以玩洋娃娃喔！」

在家中可以進行的性別平等教育

家長可以在家中執行性別平等教育，只要記住以下三點，即可親身實踐。

改變觀念和言語的表達方式

在子女面前，家長先主動去意識、努力的態度十分重要，只要從非常容易實踐的細節開始改變即可。首先，在孩子面前不再使用「男生應該要……」、「女生應該要……」這種表達方式。比起用性別二分法式的思維與言語，不如按照孩子的性格及特性去做溝通，這麼做，就能一點一滴擺脫過去對性別的既定印象。

共同分擔家事

分擔家事，其實是所有家庭成員都能夠一同實踐性別平等的方法，因為言教不如身教，這已經是超越口頭上的教導，並親身示範給下一代看。家事包括煮飯、洗碗、洗衣

服、打掃、丟垃圾等，由於家事不同於上班，永遠沒有下班時間，所以更需要共同分擔。

一名育有一對兄妹的保健師表示，一直以來都有教育孩子們要一起做家事，為了讓孩子們從小就自然參與家事，還在家中掛上白板，用馬克筆寫下各自負責的家事項目，並且每兩三個月就輪流做不同家事，和先生一起率先示範，以身作則，讓孩子們知道家事不是媽媽一個人的責任，而是家中所有人的責任。

這樣教育的結果是，孩子們從小就耳濡目染，認為家事是大家的事，可以不分性別角色平等地實踐。因此，只要像這位保健師一樣，把各自能夠處理的家事分配給彼此，一起實踐即可，孩子們會藉此自然習得家事並非女性專屬，而是人人有責的認知觀念。

透過媒體教育

現在的我們生活在媒體氾濫的年代，在眼前最要好的朋友「智慧型手機」──帶領著我們無時無刻登入眾多媒體的世界裡，雖然多少會受一般媒體影響，不自覺對性別角色產生既定印象，卻也可以反過來透過媒體，接受性別平等教育。

不論是在王子的幫助下成為公主的《灰姑娘》故事，還是在王子的親吻下重新甦醒的《白雪公主》故事，統統都是將女性刻畫成需要接受男性幫助的被動存在；反之，出現在

迪士尼電影《阿拉丁》裡的茉莉公主，則是在危機情況下，對敵人賈方明確表示「我不會再選擇沉默」，並且締造出電影裡的經典場面——高唱〈默不作聲〉（Speechless），展現了女性在面對危機時，依然可以採取積極、主動的姿態。

當電視或連續劇中出現帶有性別歧視的內容時，不妨試著和小孩進行對話討論。「嗯……你對於剛才在電視劇裡主角說的話，有什麼想法？他不是說男生一定要保護女生嗎？爸爸認為這句話其實帶有性別歧視，因為男生不一定要保護女生，女生也不一定是需要受人保護的對象。你怎麼看這句話？」諸如此類的問題，被點出幾次之後，孩子就會愈來愈能夠自行判斷。

先從父母開始建立性別平等的觀念

家庭是子女看著家長仿效學習的小型社會，會因為家長無心脫口的一句話或一個舉動而受影響。人們的性格、情感、能力，只是因人而異，並非因性別而產生差異，這點務必要銘記在心。對孩子進行性教育之前，最好先重新檢視一下，自己身為家長是否對性別角色帶有既定印象或偏見。

為了讓孩子對性別抱持平等觀點，家長要先具備這樣的觀點；為了在家中形成性別平等的環境，家長要先做好榜樣。從今以後，就從家長開始以身作則，讓孩子養成平等、均衡的觀點，在家中展開性教育吧！

⑨ 告訴兒子正確的性器官名稱

從古至今，最讓人難以接受的言語之一，便是語帶指稱性器官的詞彙，不論是透過口說還是文字，都不會輕易使用與男女性器官有關的單字；然而，弔詭的是，指稱男性生殖器的「屌」這個單字，就連孩子們平時說話或惡言相向[10]時都會肆無忌憚地使用。如今，不只在線下，就連網路線上，也經常可見指稱生殖器的單字結合髒話一起使用。

為什麼需要告訴兒子正確的性器官名稱

我們通常會用「辣椒[11]」，或者用「下面」等曖昧模糊的單字來稱呼男性生殖器。

在網路上，還會將指稱男性生殖器的韓文固有語「자지」特地標示成「자Ｘ」，將一個字隱藏起來，可見是多麼

10　在韓文中「屌」（좆）為不雅字眼，飆罵髒話時也會混雜在其中。

11　和臺灣人常用的「雞雞」類似。

令人害羞、難以掛齒的單字，需要用這種迂迴方式表達。然而，我們會從小教育小孩用精準流暢的英語單字來表達，對自身最重要的部位——生殖器，卻從未有人提醒要使用精準名稱來講述。

就如同我們不會用俗稱眼球的「眼珠子」來表達一樣，也應該要讓小孩知道生殖器的正確名稱。這麼做的原因是，隨著孩子年紀增長，也會跟著改變指稱生殖器的單字。比方說，很小的時候會用「小辣椒（小雞雞）」來稱呼，到了兒童的年紀，則會用開玩笑的口吻指稱該部位為「那邊、寶貝、香腸、蛋蛋」等，然後再嚴重一點，就會用「屌」這個字來稱呼。

這種表達方式的問題在於，大部分都帶有嬉鬧或鄙視意味，誤導孩子以輕浮草率的態度，去看待性這件事，甚至在無意間形成負面認知。語言，對於一個人的意識和價值觀會產生巨大影響，因此，從小告訴孩子正確精準的性器官名稱是極為重要之事。

能夠明確告知性器官名稱的人是父母

男性生殖器的正確名稱為「陰莖」，陰莖又分龜頭、尿道口、睪丸等部位，指男性外生殖器；底下的「陰囊」，則是指包裹住兩側睪丸的袋子。直接用「陰莖」來表達，並不會令人感到錯愕或害羞，試想今天假如因生殖器疼痛而就醫

好了，比起「我的辣椒（雞雞）這邊有點痛」，用「我的陰莖這邊有點痛」來講述反而更為自然。

從小告訴孩子正確的性器官名稱，等他們長大以後才會正確使用。只要趁孩子在培養語彙能力時，連同他們兒時經常使用的寶寶語也一併告知正確名稱即可，比方說，「ㄋㄟㄋㄟ」就是「牛奶」，「怕怕」就是「害怕」一樣，用正確名稱「陰莖」來稱呼「雞雞」就好。

最能夠教育小孩正確名稱的人，其實不是性教育專家或老師，因為單靠老師的幾次教育，並不會讓孩子們改口稱呼，最能夠使他們改口的人正是家長。

早上孩子在更換衣物時，或者在上廁所、洗澡時，我們都可以在言談之間自然灌輸孩子正確的性器官名稱，這樣才能讓他們自然接觸到自己的身體與性知識，並用健康的角度去看待性。尤其從小就要能說得出這些部位的真實名稱，長大以後才會自然脫口而出。

不只是性器官，全身上下都很重要

通常家長會對孩子再三強調，私密處是很重要的部位，但其實並不需要這樣特別強調，假如一直對孩子強調「因為私密處是很重要的地方」，反而容易讓孩子誤以為只有性器官最為重要，其他部位相對不重要，久而久之，就會對身體其他部位較為無感。因此，我們應該讓孩子知道，其實不只

是性器官，身體的每一個部位都很重要。

我們只要告訴小孩，性器官是重要且「脆弱」的部位，所以需要好好呵護，不可以在外隨意觸摸即可，這就是為什麼我們需要穿著內衣褲的原因所在。就如同我們身體每一個部位都有自己的名字一樣，好比臉上的眼睛、鼻子、嘴巴，性器官也有它自己的名字，是我們應該要正確認識的身體部位之一。

如果對自己的身體部位都不清不楚了，那又怎能正確了解自己、愛自己？性教育是「愛自己、愛心儀對象的最正確方法」。在性教育裡，最重要的是學習如何愛自己，而其出發點，正是先從正確了解自己的身體部位名稱開始。因此，從今以後，請嘗試用「陰莖」來正確稱呼孩子的生殖器。

❿ 在氾濫的數位性犯罪中，守護好我們的小孩

　　世界已經不同了，不，應該說世界已經一百八十度大轉變。隨著智慧型產品普及化，加上二〇一九年底爆發的COVID-19，現在的我們，幾乎都是透過網路從事大部分活動，大人改成居家辦公，小孩的學校及其他課程，也都改以網路授課方式進行。

　　隨著非面對面式的線上教育、線上活動增加，孩子們也暴露在數位性犯罪的危險中。根據警察大學治安政策研究所發表的《治安展望 2021》顯示，二〇二〇使用通信媒體進行色情行為的案件，相較於二〇一九年（1028 件）增加了42.6％，創下 1466 件紀錄。尤其兒童和青少年不只透過網路上課，還會使用聊天軟體、玩遊戲等線上活動，導致孩子們更容易暴露在數位性犯罪的危險中。既然子女待在家中的時間變長了，自然是比過去任何時候都還迫切需要家長親授的性教育。

不存在界線、可無限複製的數位性犯罪

數位性犯罪是把他人「性客體化（也稱為性的物化）」，再將其商業化的消費行為，是一種因性認知偏差而產生的犯罪手段。數位性犯罪的可怕之處在於並不存在「性犯罪的界線」，過去在現實生活中發生的各種犯罪，多少都會有時間和場所的制約，然而，**如今我們的孩子則是隨時在家裡，不！應該說此時此刻都很可能成為性犯罪的受害者或加害者**；換言之，很可能會因為一則不經意轉發的訊息，使我們的孩子捲入性犯罪事件當中。

數位性犯罪之所以是嚴重的社會問題，是因為可以在世界各地以光的速度分享、複製。Google 前執行董事長艾立克・史密特（Eric Schmidt）曾說，「我們是第一批需要永遠承受所有紀錄放上網路的世代。」一旦有影片或照片在網路上散布，就幾乎不可能永久刪除，所以傷害也難以修復彌補。再加上隨著 IT 技術發達，數位性犯罪手法同樣也變得日益縝密且組織化。

Telegram N 號房性剝削事件，「年齡最小受害者 9 歲、加害者 12 歲」

二〇二〇年，發生了一起與 COVID-19 同樣震撼世界的事件──Telegram「N 號房」事件，我相信這件事情一定無人不知。N 號房事件，指的是自二〇一八年下半年起在

Telegram N 號房與博士房裡發生的性剝削事件。開設並經營 N 號房與博士房的一群加害者，以未成年及一般女性為對象，威脅勒索她們拍攝性剝削影像，然後再將這些影像上傳至 Telegram 祕密聊天室裡進行販售，做出了如此慘無人道、喪盡天良的行為。

受害女性當中年紀最小的只有九歲，而利用 Discord 聊天軟體散布性剝削影片的加害者當中，最小的甚至只有十二歲。這起事件的一大特點，便是受害者與加害者當中，有許多是十幾歲青少年的事實；換言之，等於是替我們亮起了小孩在數位性犯罪中並不安全的警示燈。繼 N 號房性剝削事件之後，誰都不曉得還會再出現多少網路犯罪手法，說不定 N 號房事件並非結束，而是開始。

每三名兒童、少年就有一名收過陌生人的訊息

二○二○年，首爾市針對韓國青少年性教育組織「TacteenNaeil[12]」及小五至高三的青少年，共計 1607 人進行了數位性犯罪實態調查，結果顯示有 36％的受訪者，收過來自陌生人傳來的訊息或聊天邀請，甚至在這些陌生人當中，要求提供年齡、手機號碼等個人資料的占 23％；誘拐孩子可以輕鬆賺零用錢的方法則占 10％。

12　TacteenNaeil 官網：http://www.tacteen.net/home

實際上，被這種誘拐方式迷惑，將個資洩漏給對方的兒童和青少年層出不窮，像這樣利用孩子們的個人資料作為威脅手段，持續向這些兒少進行性剝削，叫做「網路性誘拐」（Online Grooming）。前述提及的 N 號房性剝削事件，正是最具代表性的「網路性誘拐」犯罪。令人遺憾的是，這些受害兒少中，有一半以上都沒有向人尋求協助，正因為從未接受過正規的預防數位性犯罪教育，所以不知該如何尋求大人協助。（柳仁河，「N 號房事件後，每三名兒少當中仍有一名收到陌生人訊息」，《京鄉新聞》，2020.12.13）[13]

由此可見，我們的子女，其實無時無刻都暴露在性犯罪的危險之中。最大的問題在於，隨著 IT 技術日新月異，數位性犯罪手法也同樣變得更加縝密且組織化。

在四處蔓延的數位性犯罪中，守護好我們的小孩

從現在起，趁還來得及時，不只在家庭裡，我們還要透過學校、社會的性教育，備妥確實的預防對策，也就是針對容易暴露在數位性犯罪下的孩子們，所建立的社會安全網，來加以保護。現今的兒童及青少年，都是自幼就十分熟悉數位文化的數位原住民，因此，家長也需要在宛如高鐵般迅速變遷的世界裡，能夠跟得上孩子們的光速腳步才行。身為數

13　류인하,〈'n번방' 사건 이후에도…아동·청소년 3명 중 1명 "낯선사람에게 메시지 받았다"〉, 경향신문, 2020. 12. 13.

位移民者的家長，要先適應數位文化，才能理解並且保護我們的下一代。

　　現在您光是拿起這本書閱讀，就表示已經在做準備。為能在氾濫成災的數位性犯罪中，守護好我們的子女，身為家長的我們，需要自身先學習好，再對子女們進行性教育。我將如何面對數位性犯罪的方法收錄於第四章。現今，已是比任何時候，都需要家長在家庭裡對孩子進行性教育的迫切時機。從今以後，我們要透過這項名為性教育的預防針，來保護我們的子女。

第二章

性教育，
愈早開始愈好

⑪ 性教育會不會反而刺激孩子對性產生好奇？

「八歲的兒子最近開始會問我『媽媽，嬰兒是從哪裡來？』諸如此類的性問題，雖然我有想過是不是該開始對孩子進行性教育了，卻又不免擔心，過早的性教育會不會反而更刺激孩子對性充滿好奇。」

　　這是我演講時經常會收到的提問，也是家長猶豫該不該開始對子女進行性教育的最大原因之一，他們擔心性教育會不會反而刺激孩子，突然對原本漠不關心的性議題產生許多好奇，進而衍生出其他問題，但這其實是天大誤會。

性教育會適當填補滿足孩子的好奇心

　　我們打個比方好了，假設今天孩子們接受了菸害教育，隔天他們就會去嘗試吸菸嗎？或者今天接受了暴力防治教育，隔天就突然莫名奇妙去找人麻煩、滋事鬥毆嗎？不，不會的。我們在學校或職場上接受安全教育的目的為何？是為了防範於未然。性教育也是同樣的道理，我們是在教育孩子，認知並尊重自己及他人的身體界線，要是私自接觸到不良媒體或從同儕之間習得的錯誤知識、模仿色情片裡的橋段，才真的會出問題。尤其，現今網路環境，更容易讓孩子

們暴露在這些風險當中。

我們可以再做個假設,要是今天孩子對英語或數學充滿好奇,想要繼續精進,各位會說「我的兒子才7歲,居然就已經熟記100個英文單字,連九九乘法表也能背得滾瓜爛熟,好擔心他要是繼續鑽研下去,把那些不會的題目,也想盡辦法努力搞懂的話怎麼辦」嗎?我想是絕對不會的,甚至恰巧相反,應該會為此感到十分欣慰,全力支援孩子學習。

然而,當孩子對性感到好奇而提問,或者想要購買相關書籍來閱讀時,許多家長都會以這種方式阻止「怎麼這麼小就對這種事情感到好奇?」、「等你長大以後自然就會知道了」。我甚至看過有家長是把性教育書籍,偷藏在書櫃最隱密的角落裡;然而,諷刺的是,學校圖書館裡的性教育故事書或漫畫書,往往是學生們最熱門的借閱書籍,也最快折舊毀損。因為只要身為人,最關心好奇的主題之一便是性;性教育,正是可以滿足孩子們對這方面的好奇心,同時也能讓他們了解愛惜身體的教育。

性教育就像疫苗,最好盡早開始接觸

性教育就好比疫苗,為了預防病毒入侵體內,我們會施打疫苗,同樣的道理,事先接受正確的性教育,孩子才會健康成長茁壯。曾經就有一名家中育有十歲男童的母親,認為小孩應該及早接受性教育,所以報名了我經營的「自主學

校」性教育課程，和小孩一同聆聽了子女性教育課程及家長性教育課程。後來聽說有一天，孩子在收看 YouTube 影片時，突然跳出了色情影片，但是他馬上想起性教育課程中學到的內容，就立刻告知母親有這件事。這位母親雖然當下有些錯愕，卻也按照我指導的方式，冷靜沉著地與孩子展開對話。

「兒子，你還好嗎？媽媽光是聽你轉述這件事就感到很驚訝了，你當下親眼目睹應該更錯愕吧？謝謝你告訴我這件事，你有按照老師教你的方法去做，很棒喔！以後要是再突然跳出那種影片，或者不小心看到，記得都要像現在這樣告訴媽媽喔！媽媽是永遠站在你這邊。」她沒有責罵也沒有迴避，而是同理兒子的立場，用心傾聽。

幾天後，我接到來自這位母親的聯絡，她對我說：「真的很慶幸有事先去聽您演講，我按照您說的方法先不責罵孩子，並且謝謝他願意對我說，多虧有您的指導，使我得以和小孩自然談論性話題，非常感謝您。」

正因為家長和子女都有事先接受性教育，所以才能聰明處理這種突發情形。我們會為了讓孩子提早開始學習英文，而投資金錢和時間用心栽培，然而，面對會影響孩子人品、態度的性教育，為何卻選擇避而不談？適時的性教育，其實對於孩子擁有正確性價值觀有極大幫助。正在閱讀本書的你，是否已經開始對子女進行性教育？與其擔心性教育，不如承認其必要性，立刻開始吧。

⑫ 孩子老是摸他的生殖器

「我的孩子今年五歲，最近老是喜歡用手觸摸生殖器，通常都是在獨自一人或收看電視時，下意識地將手放進褲子裡。我看到的當下因為有些錯愕，所以有嚴厲制止，告訴他：『這樣是不對的喔！不可以摸！』可是自此之後，他就會趁我不注意時偷摸生殖器，請問我該如何是好？」

孩子摸生殖器的原因

　　家中育有幼兒的家長最常提問的問題之一，便是孩子撫摸性器官的行為，有些小孩還會摸著摸著，演變成自慰。其實小時候，孩子會透過觸摸自己的身體或生殖器來體驗感受，心生好奇，這個時期的好奇心，其實與大人的好奇心不同，他們會記住觸摸生殖器時的舒服感受，逐漸專注在這樣的行為，將此認知成一種感覺遊戲。一般的孩子在經過一段時間之後，便會逐漸轉移興趣，開始尋找其他遊戲。

　　除此之外，幼兒老是觸摸生殖器或出現自慰行為，其原因也是百百種；有些是因為沒有清潔乾淨、搔癢難耐，有些是為了滿足情感上的需求，有些則是為了排解壓力或無聊，抑或是內心感到孤單等，都有可能撫摸自己的身體或自慰。

只要是身為性存在，從幼兒到老人都可以自慰。雖然這樣的行為看在大人眼裡可能會覺得是淫亂，但站在孩子的立場可是極其自然的行為。其實就連住在媽媽腹中的胎兒，也會撫摸自己的身體、自慰。自慰並不是不潔的、奇怪的事情，而是成長過程中極其常見的現象，所以不必太過擔心。就算孩子真的出現自慰行為，也毋須擔心或錯愕，不妨改用自然且認可的角度去看待。不過，如果反覆出現這樣的行為，身為家長就需要適時介入，並展開親子對話。

以親切說明代替嚴厲斥責

許多父母在撞見小孩撫摸生殖器或自慰時，情急之下會直接命令阻止，甚至出言恐嚇或斥責：「不可以！不要摸！到底為什麼要一直摸？」然而，這種嚴厲且負面的反應，不僅容易讓孩子對生殖器留下骯髒的印象，也容易使他們對自慰這件事心生羞恥與罪惡，最後問題還可能不見改善，反而讓他們變本加厲。比起這種不明就裡、劈頭就罵的負面方法，不妨用親切的態度向孩子做說明，告訴他們「你如果沒有把手洗乾淨就摸私密處，很容易造成細菌感染喔！先去洗手吧。」家長面對此事，展現溫和沉著的態度最為重要。

如果過度自慰，就要適時介入

假如孩子自慰的方式是趴著用力壓迫生殖器，或者對著

尖銳的邊角摩擦等，都有可能導致性器官受傷，或者不懂得分辨場合，在眾人面前自慰，就需要大人介入指導，「那樣會讓你的小寶貝受傷喔！」、「在別人面前摸私密處，是不禮貌的行為喔！」像這樣提醒告知孩子。當大人介入時，最重要的是如先前所說，態度千萬不能過於強硬。順帶一提，光靠一次提醒，是絕對不可能改善孩子的自慰行為，各位一定要記住這一點，帶著耐心、不厭其煩地對他們耳提面命才行。

透過性教育與孩子重修舊好

我曾在一所幼稚園進行過演講，向家長們宣導「孩子撫摸生殖器是再自然不過的行為，不是壞事，一定要冷靜面對」。後來演講結束後開放現場聽眾提問時，坐在前排的一名母親突然情緒潰堤，哭到雙眼紅腫，我問她為何哭得如此傷心，她回答：

「老師，前幾天我發現孩子在摸自己的生殖器，當時因為太錯愕，所以就先對他劈哩啪啦痛罵了一頓，但是自從發生那件事情之後，孩子就變得每次只要看到我就會閃躲。今天聽完您的演講以後，我才知道原來當時的處理方式是不對的，要是有早點聽到這場講座，我就不會做出那麼大的反應了，實在很對不起小孩。」

我對著這位難過流淚的母親說：

「家母對我說過，每個人都會犯錯，但是犯錯後的收拾善後更為重要。一切都還來得及，今天回家就先向孩子道歉吧，向他坦承，自己當時是因為不曉得如何面對這種事情才會劈頭就罵。不論孩子聽完反應為何，只要真心誠意地對他說抱歉，再給他一個大擁抱，我相信你們的關係多少可以修補。」

幾週後，我收到了來自這位母親的訊息：

「多虧您的建議，我向孩子真誠地道了歉，他願意重新接納我，我們甚至相擁而泣。現在的關係比以前還要好，真心感謝您幫助我們重新修補親子關係。」

我對此深感慶幸，也感受到一股暖流湧上心頭。每當我收到這種回饋時都會感到十分欣慰，也會再次切身體會到性教育的重要性。假如，過去你也有犯過類似的錯誤，請不要過度自責，只要從現在起正確認識、聰明面對即可。

不再責罵，聰明處理

我們不能把小朋友觸摸性器官的舉動，視為是性舉動，就算是大人也會因為生殖器發癢或者需要保護，而下意識地用手觸摸，雖然看到子女在摸自己的性器官會感到錯愕，但也毋須太過擔心，因為就如前述所言，會因各種理由而出現這項行為，所以務必要冷靜看待。

吳恩永博士曾說：「人在成長發展的過程中，總是會有

各種不均衡，也會有伴隨而來的困難，我們應該要用包容力來看待這些不足。」身為家長，我們都需要用更多的包容力來看待子女。

以後要是再看到小孩撫摸自己的性器官或自慰，請先保持冷靜，從旁觀察。隨著孩子成長，自然會逐漸減少這樣的行為，要是發現愈漸頻繁，才需要找專家協助，到醫院確認孩子的性器官是否有疼痛搔癢問題，或者其他特殊問題。除此之外，透過遊戲治療、美術治療、心理治療尋求幫助，也會是很好的改善方法。

假如某天撞見小孩在摸自己的性器官，切記不要驚慌失措或嚴厲責罵，而是要將此視為絕佳機會，把握機會對孩子進行性教育。要記得用聰明、冷靜的態度觀察孩子的舉動，並試著展開親子對話。像這樣理解、尊重子女的立場，才是最明智的性教育方法。

⓭ 孩子的生殖器老是勃起

「我是一名育有七歲兒子的母親，孩子通常早晨起床就會勃起，最近則是動不動就勃起，所以老是會喊不舒服，晚上睡前也會這樣，孩子問我：『媽媽，我的小雞雞老是站起來，害我睡不著。』請問這樣正常嗎？我有點擔心，該如何是好？」

　　通常媽媽們因為和兒子的性別不同，所以看見兒子的生殖器勃起時，不免都會有些驚愕，然而，一般來說，經常上廁所小便或者感到疲累，都會出現生理上的勃起反應，短暫勃起好幾次，大部分是純生理現象的機率較高，較無大礙。要是能進一步正確了解勃起的原理，相信就會安心不少。

胎兒也會勃起？

　　男性生殖器站得直挺挺，稱之為「勃起」。其實不分年齡，任何人都會經歷勃起。男性生殖器——陰莖裡沒有骨頭，而是像海棉一樣布滿孔洞的海綿體組織，包覆在尿道周遭。我們平時觀看、感受、聞到氣味、想像時，只要大腦受到刺激，就會下達指令，導致陰莖充血。這時，海綿體一充血，血管擴張，就會出現勃起反應。也就是陰莖周遭肌肉緊張，使陰莖變硬；就好比橡膠手套放進水中會變大變硬一

樣，是同樣的原理。

直到血液回流退去前，充血挺直的陰莖都無法自行變小或躺下，將其強制壓平也只會非常疼痛，甚至受傷。勃起是大腦受到刺激顯現在陰莖上的反應，所以就算沒有受到性刺激也有可能勃起。（出處：Sci-Teen 第三季—來了！青春期[14]）

各位是否知道，儘管是在媽媽腹中的胎兒也會勃起？只要孕期超過 16 週，男性胎兒就會出現勃起現象，透過超音波照片看得更清楚。一般來說，男性通常都是在早晨比較容易勃起，但在睡眠時也會出現四至五次勃起，否則陰莖海綿體裡的血管就會纖維化，導致血液不流通。因此，男性的勃起，其實是身體為了保護陰莖的自然機制，有時睡眠勃起甚至會延續到早晨，也就是俗稱的「搭帳篷」。

對勃起的偏見與處理方法

一般人通常會認為，男性是只有在性幻想時才會勃起，但要是像這樣沒有正確的性知識，就無法正確指導小孩。事實上，除了接收到性方面的刺激外，進行身體活動或有肢體接觸時，也會自動勃起，就好比灰塵進入鼻腔內，會導致打噴嚏一樣。尤其在舒適、放鬆的狀態下更容易勃起，所以很

14　이틴시즌3 - 왔다! 사춘기，韓國 EBS 教育電視臺製作的網路科學節目，「Sci-Teen」一詞取自科學（Science）及青少年（Teenager），節目宗旨是「提供青少年輕鬆有趣的科學知識」。

可能突然發現陰莖站得直挺挺。

突如其來的勃起，容易使孩子害羞或尷尬，我曾經遇過一名男孩，他甚至認為無時無刻勃起的自己活像個變態，所以還刻意壓住生殖器，家長也不曉得該如何是好，整日擔心發愁。後來也是透過性教育告訴他，那是極其自然的現象，不是他有問題，而是自然健康的事情。之後，這名男孩終於不再用「變態」來苛責自己。

假如看見孩子的陰莖勃起，千萬不要恐嚇或責罵他，因為最錯愕的人一定是孩子。妳可以慢慢用平常心去看待，溫柔地告訴孩子：「沒關係，那是很正常的事情，一點也不奇怪。」也毋須過度插手干涉。我曾經就有遇過一位母親，她兒子因為納悶自己為什麼老是會勃起，於是語帶哽咽地詢問母親，結果這位母親為了幫助他恢復成原來的樣子，竟陪在孩子身邊唱了整整四節的國歌。

通常都說只要唱國歌就會自動「降旗」，但其實是無稽之言，我們可以告訴孩子，最好的方法，就是不要專注在勃起這件事情上，讓自己分散注意力，自然而然就會恢復原狀，深呼吸、放輕鬆也是方法之一。

我們要教育孩子的是，不能將勃起的生殖器展現給別人看，或者讓他人觸摸；並且告訴他們，在公共場合或者人多的地方勃起，比較容易出現令人尷尬的場面。假如勃起的狀態持續太久，或者在勃起狀態下會感到疼痛的話，就表示組

織上可能有問題，此時就需要去泌尿科請專業醫師診療。

順帶一提，不只男性，其實就連女性也會勃起。當女性感受到性刺激時，陰核也有海綿體，所以會腫脹，只是不像男性一樣明顯可見而已。

陰莖會勃起表示身體健康發育，假如某天不小心撞見孩子勃起，或者孩子自行告知你有這樣的情形，切記冷靜莫驚慌，將其視為自然現象即可。

⑭ 一定要割包皮嗎？

「我的兒子目前就讀國小六年級，請問一定要割包皮嗎？我個人認為不必要，但是割過包皮的老公卻認為為了健康衛生一定要割，可是我又聽說最近提倡不一定要割，到底該怎麼做才好？」

有關割包皮手術的爭議至今還是個燙手山芋，割包皮對於男孩來說是充滿恐懼與擔憂的單字。我個人是在國中二年級時做了這項手術，因為在那個年代，彷彿只要是男生，就一定要接受這項手術，所以大部分的韓國男性，都在不是出於個人決定的情況下去割包皮。

然而，現在持反對意見的比例愈來愈高，有愈來愈多家長會納悶究竟該不該帶小孩去割包皮。對此，我會建議家長要先對這項手術有正確認知才行，這樣大家才會意識到，決定割包皮與否的主體是子女，而非家長。

割包皮的定義與由來

割包皮在醫學上的名詞為包皮環切術，是一項切除龜頭周遭包皮與陰莖上的皮膚，使龜頭露出的手術。

割包皮前　　　　　　割包皮後

割包皮在韓文中俗稱「捕鯨」，其原因在於，包皮包覆住男性生殖器的模樣稱之為「包莖」，而其韓文發音、文字正好和「捕鯨」一詞相同，所以才會出現該用語。

不一定要割掉包皮

有些時候的確需要割包皮，例如，龜頭無法露出，或者就算露出也會壓迫到陰莖，導致影響血液循環或勃起，像這種時候就需要割除包皮露出龜頭。勃起時，包皮無法向後推的「真性包莖」，以及包皮向後推開後卻推不回來的「嵌頓性包莖」，兩種都容易引發各種尿道感染或腫痛，所以要和醫生充分溝通和商量，再來決定是否需要透過手術割除包皮。

其餘大部分男性，則不一定需要去做包皮切除手術。美國小兒科學會曾表示「不是所有新生兒都需要割包皮」。雖說割包皮對於衛生清潔有幫助，但其實只要能妥善清洗管

理，不割包皮也不會有太大問題。

有關清洗生殖器的正確方法，可以參考家醫科醫師[15]的指導。

未割包皮的生殖器清潔方法

取一些無香味的肥皂，用手搓揉出泡沫，再將泡沫塗抹在睪丸與陰莖上。清洗未割包皮的生殖器時，最需要留意的事情就是清洗包皮底層。

1. 輕輕將包皮向後推到底，這時，切記請勿強硬推開包皮，否則生殖器很可能會受傷。
2. 在包皮底下塗抹肥皂泡沫，再用清水將泡沫和污垢澈底沖洗乾淨。
3. 重新將包皮推回原位。

生殖器清洗結束後，一定要維持清潔，洗完澡以後要將生殖器澈底擦乾，比起緊身內褲，最好穿著舒適通風的棉質內褲；像這樣告知小孩清潔管理方法即可。

割不割包皮，由小孩決定

15　台灣家長可參考泌尿科醫師程威銘醫師的 YouTube 影片〈雞雞這樣洗 才乾淨！〉

孩子通常都不喜歡做割包皮手術，因為往往是在尚未得到充分資訊的狀態下，被大人強行帶去處理。家長單方面強行決定的割包皮手術是需要被遏止的，應當將手術決定權交還給小孩才對，即便是家長也不該侵犯這項權利。請先提供充分資訊給小孩，再讓他們自行做決定。

　　子女的身體是他們自己的，我們必須先認知這項事實並給予尊重，包括割包皮手術及所有性方面的權利與行為，都要由子女自行選擇做決定才對。家長要先尊重子女的身心，子女才會以自己為主體養成健全的性價值觀，與此同時，子女也會對家長更為信賴，這便是正確進行性教育的方法。

⑮ 孩子的生殖器偏小，沒關係嗎？

「講師，我的孩子最近一直擔心生殖器太小，我看他開始慢慢對自己的身體感到好奇，某天竟突然問我：『媽，為什麼我的雞雞這麼小？』其實在我看來好像也的確偏小，這樣沒有關係嗎？」

陰莖的大小長度無關緊要

　　我經常收到家長煩惱兒子生殖器大小的問題，許多家長會擔心孩子是否因陰莖較小而承受心理壓力，對孩子進行性教育時也時常聽到這種憂慮，其實關於陰莖大小的煩惱，大部分都是來自比較——與他人做比較，每當我收到這樣的提問時，都是回答如下：

　　「只要從醫學的角度來看沒有任何問題，那就非常、超級、完全，正常！一點也不用擔心。陰莖會隨著年齡增長而逐漸長大，既然孩子的身體尚未發育完全，根本毋須操之過急。而且不論是哪一種尺寸大小都無所謂，每個人與生俱來的大小長度都是正常的。」

　　由於陰莖是海綿體組織，其大小會根據內部充血程度而定，可能每一次都不同。因此，陰莖的長度要以「完全勃起

時」為標準進行測量，很多人平時陰莖看起來較短，但是勃起時可以變很長，其長度大小會依照勃起的狀態而不同。

尤其我遇過有些孩子會和色情片裡的男優陰莖尺寸比較，然後再自嘆不如。事實上，每次我在對孩子們進行性教育時，都會給他們看各式各樣的陰莖圖片，問他們哪一張屬於正常，而孩子們的回答往往也如出一轍，都是選擇站得直挺或形狀漂亮的陰莖。

直到某天，性教育課堂上的一名學生回答：

「老師，就好比我們每個人的長相、身高都不一樣，陰莖的形狀和模樣也是因人而異的吧？我個人認為這幾張圖裡的陰莖應該都算正常。」

賓果！就像這孩子說的，其實每一張照片上的陰莖都正常，就如同我們每個人的長相、外型都截然不同，生殖器的外觀自然也是不盡相同，只要明白這件事情，接受它、尊重彼此的差異即可。

帶著耐心慢慢等待

孩子的身體尚未發育完全，從身高開始到頭部、肩膀、膝蓋、手、腳，都還有許多成長空間，陰莖自然也是。尤其，陰莖會隨著孩子進入青春期而迅速成長，完全不需要提早操心，因為每個人的身體發育速度都不一樣。

不過，值得家長留意的是「埋藏式陰莖」（生殖器看起

來格外短小或完全隱藏的狀態）。近來，小兒萎縮陰莖問題
大部分都是「埋藏式陰莖」，主要是隨著飲食生活及生活模
式的改變，腹部脂肪增加所導致，這樣的案例有愈來愈多的
趨勢。像這種情形，陰莖的成長本身是正常的，只要透過持
續運動管理身材、定期尋求專業醫師諮詢並確認陰莖發育狀
態即可。倘若真的不放心，帶著孩子去醫院諮詢一下醫生即
可。順帶一提，陰莖微彎也屬正常，毋須太過擔心。

重要的不是尺寸，而是愛惜自己的身體

我會說性教育是自我價值感教育，因為可以培養出一
顆接納、尊重、疼愛自己身體原本模樣的心。韓國是特別喜
歡拿自己與別人做比較的國家，大至學業、資產、相貌、身
材、身高，小至生殖器大小、形狀，什麼都可以拿來做比
較；然而，這樣無止盡的比較只會使自己愈來愈不喜歡自己
的身體，自我價值感也愈來愈低。

不與他人做比較、接納自己原本樣貌、愛自己——性教
育就是在指導如何養成這些觀念的方法。假如孩子在煩惱諸
如此類的問題，請告訴他沒有關係、毋須擔心，與此同時，
也請記得提醒孩子，千萬不要嘲笑別人的外表或陰莖大小，
最重要的不是尺寸，而是尊重、愛惜與生俱來的自己。藉由
性教育，把如何愛自己、尊重自己的方法傳授給小孩吧！

⑯ 孩子老是摸我的身體（胸部）

「我是家中育有九歲兒子的母親，我的小孩從小就很喜歡和我有肢體接觸，所以總是黏在我身邊。晚上睡覺時，他會把手伸進我的衣服裡，或者觸摸我的胸部。可是如今這樣的舉動已經會使我感到不舒服了，卻又擔心萬一嚴厲制止反而傷到孩子的心，請問我該怎麼做才好？」

　　家中育有兒子的母親，總是會詢問我親子之間肢體接觸的問題，煩惱著孩子老是會摸母親的身體、胸部、腹部、側腰、手臂、臀部等部位，不知該如何是好。一方面是覺得身體被摸很不舒服，另一方面則是擔心萬一都不制止，孩子改天會不會在外面也做出同樣舉動，其實，我會建議親子之間，也需要適當地尊重彼此的身體界線。

透過肢體接觸形成依附關係的孩子

　　為什麼小孩要對家長有肢體接觸？因為他們會透過肢體接觸得到情緒上的安定與舒適，進而形成依附關係。尤其孩子在外感到焦慮不安時，就很可能會藉由持續性地觸摸母親身體、搓揉棉被或玩偶來尋求內心安定。

　　美國心理學家哈利・哈洛（Harry F. Harlow）曾用幼猴

進行過一場肢體接觸實驗，他在籠子內擺了兩隻假母猴，一個角落是會自動出奶的鐵絲母猴，另一個角落則是沒有提供奶水的柔軟絨布母猴，然後再把幼猴放進籠子裡，進一步觀察幼猴會選擇哪一隻假母猴。實驗結果顯示，幼猴最終選擇依偎在絨布母猴身旁，透過柔軟的肢體接觸來尋求慰藉，找回內心安定。

人類亦是如此，孩子們也會透過「溫柔的接觸」得到情緒上的安定，並形成「依附」。孩子會透過依偎在母親溫暖的懷裡喝奶、與母親四目相交，這種人生第一次的肢體接觸，體驗到無限的愛與幸福。當肢體接觸發生時，孩子體內形成的催產素荷爾蒙會扮演緩和壓力的角色，有助於孩子進行正向思考，等於家長的懷抱對孩子來說是最強而有力的安慰劑。

適當的肢體接觸，信任與同意是必須

根據上述內容可見，肢體接觸在親子之間是必要且重要的元素；然而，前提是必須遵守兩項原則。第一，彼此要先有信任基礎存在；第二，要先徵得同意與達成共識。每個人的敏感部位都不盡相同，一旦在未經同意的情況下肆意觸摸對方，想必任誰都會感到不適。所謂肢體接觸，應該是要能讓彼此都感到愉悅的行為，且在彼此都同意的情況下進行，這點是身為家長必須教導孩子的部分，將來小孩在外，才不

會隨意觸摸朋友或其他人的身體。

有些家長會擔心，萬一拒絕孩子的肢體接觸，會不會讓他們誤以為「爸爸媽媽不愛我了」。正因為有這份顧慮，才會導致許多家長即使不舒服也仍選擇隱忍。然而，這樣的舉動，其實不論對家長還是小孩來說都是不好的。

態度要堅定且一貫到底

針對孩子未經同意就觸摸父母身體的行為，我們必須用堅定的態度教育孩子不可以這麼做，所謂堅定態度，並非指生氣、嚴厲教訓，而是用前後一貫的態度，自始自終都要溫柔堅守這項原則，如果孩子有配合遵守，也請不要吝於稱讚，具體說明是因為其行為有所改變而給予稱讚即可。

舉例來說，假設兒子老是喜歡撫摸母親的胸部或腹部，就要告訴小孩「媽媽覺得這樣很不舒服，也很痛，請你別再摸我了。」要是孩子願意停止收手，就請記得稱讚他，「嗯，謝謝你尊重媽媽，不再讓我感到不舒服，很棒喔！」

像這樣具體告訴小孩「嘗試忍耐的時間是有意義的」，也可以再對孩子補充一句，「媽媽不是不愛你，而是因為愛你，所以教你尊重彼此的方法，了解嗎？」然後，握住他的手或給予輕輕擁抱即可。

實際上，有一名聽了我的演講以後，回去實踐幾個月的母親曾向我表示，兒子平時伸手撫摸她胸部的舉動真的有顯

著改善。

「我聽了您的演講以後，回家持續訓練兒子，如今他已經不會再伸手摸我的胸部了。我看著行為有所轉變的兒子，發現過去的自己其實太心急，也對兒子比較吝於稱讚，在我不厭其煩地跟他說了幾次之後，現在終於改變了，頂多只會牽我的手而已。我對於講師您說的『先同理孩子的感受，再循序漸進、持續不斷地訓練小孩』這句話深表認同。」

父母先做好榜樣

若要讓這種肢體接觸教育順利落實，家長就要先以身作則，養成詢問孩子感受、徵求同意後再有肢體接觸的習慣，因為假如家長自己都沒有做到，口頭教育孩子千萬遍也不會有效。最終，家長要先做好榜樣，肢體接觸教育才會看見成效，這點一定要銘記在心。

一開始孩子可能會抗拒或哭鬧耍賴，但是隨著一次又一次的教育會逐漸習慣，懂得先徵詢家長同意再有肢體接觸。像這樣先在家中養成徵求同意與尊重彼此的習慣，孩子才會懂得用同樣的方式和態度對待他人。切記，肢體接觸教育是家長在日常生活中必須時時刻刻提醒小孩的必要教育。

⓱ 該從何時起和孩子分房睡？

「我的兒子已經小二了，卻還是無法獨自分房睡，他不喜歡自己一個人睡，一定要和媽媽一起睡，尤其最近老是會想睡在爸媽中間，請問可以繼續讓他和大人一起睡嗎？」

　　這也是家中育有兒子的母親最常問我的問題之一，不只是國小生，就連國中生都還有每天和媽媽一起睡覺的。因為家長擔心要是強迫孩子分房睡，會讓小孩倍感壓力、害怕不安，因而遲遲沒有採取作為。

　　其實到底要從何時起與孩子分房睡，沒有標準答案，這個問題會依照家長和孩子的性格、環境、養育方式而不同。不過，有一點可以肯定的是，孩子遲早有一天會和家長分房睡，為了彼此都好，在適當的時機點分開睡比較好。

　　尤其如果不能和孩子分房睡，夫妻關係也會受阻，頻頻進出父母臥室的孩子，自然會影響夫妻睡眠或房事，導致父母的神經都會變得比較敏感，或者睡眠品質下滑。為了培養孩子獨立、維繫夫妻關係，小孩勢必還是得要和父母分房睡才行。

孩子不喜歡自己睡的原因

那麼，究竟為什麼孩子不喜歡自己睡覺呢？雖然不同年齡的小孩會有不同理由，但是大致上可以歸納出三點：

第一，對家長的依附及分離焦慮；

第二，對於獨自睡覺的擔憂與恐懼；

第三，物理性或環境性的因素。

除了上述這些原因之外，可能還有其他因素，所以需要透過與孩子對話找出確切原因。假如未經原因探查，就強行將孩子分房睡，反而容易適得其反。

比起家長的強求，更重要的是要讓孩子自行決定分房睡的時機，不過這並不表示父母只能一味等待孩子某天主動願意分房睡，而是在尊重孩子意見的同時也設立界線與限制，雙方都要為健康的分離努力才行。

分房睡的三種方法

在孩子尚未準備好的狀態下就強迫他們分房睡，反而容易使孩子產生心理不安；這件事情必須依照孩子的發展狀態循序漸進。以下可以嘗試運用三種方法。

01. 打造孩子能自己睡的環境

決定和孩子分房睡之前，要先考慮一下家中的環境適不適合讓孩子獨自睡覺。先幫孩子打造一處可以安心自行入睡

的環境極為重要，將孩子喜歡的顏色納入空間當中，或者準備一些可愛溫柔的寢具加以布置，都會是很好的方法。把床鋪周圍打造成適合入睡的環境，也是必要條件，因為假如床頭邊就放著智慧型手機或玩具，自然是會比較難以入眠。

有時也可以詢問孩子的意願，如果願意，就可以安排他們到親戚或朋友家中過夜，體驗在全然陌生的環境裡入眠，因為這種經驗也會成為新刺激，有助於孩子獨立自主。

02. 循序漸進式進行

假如已經備妥孩子獨立睡覺的空間，就可以開始嘗試引導孩子做好心理準備，並以循序漸進的方式進行。比起一開始就每天分開睡，不如先讓孩子自行選擇一週兩天自己睡，星期幾也由孩子自行決定，就會比較容易積極實踐。假如已經執行了二至三個月，就可以慢慢從一週兩天增加到一週三天單獨睡，像這樣分階段一步步落實。分房睡是無法在短時間內完美達成的事情，至少要給孩子六個月左右的時間，設定好長期計畫，按部就班進行即可。

03. 一定要記得給予稱讚

每當孩子努力獨自睡覺時，請記得一定要給予稱讚！即使是物質上的獎賞也無所謂，但還是心理上的補償與稱讚更為有效。「我的寶貝很厲害喔！現在都能一個人睡了，好勇

敢！很棒喔！」像這樣稱讚孩子。假設未能履行承諾，也要多給予支持鼓勵，叫孩子不要放棄。（尹靜元，「兒子啊，一定要睡在爸媽中間嗎？」，《BabyNews》，2020.11.27）[16]

為了彼此好，還是分房睡吧

我小時候經歷過非常嚴重的成長痛，每到深夜凌晨，腿部就會突然抽筋，肌肉宛如炸裂般疼痛，痛到我難以繼續入眠。每次遇到這種情形，我都會躲在母親懷裡，從她輕拂我髮絲的手中得到溫暖與慰藉，才得以重新入眠。我升上國小高年級以後，某天，母親可能認為再這樣一起睡下去也不是辦法，決定要讓我有自己的房間，於是布置了一間溫馨小房間給我，不過我還是滿臉焦慮，她便送了我一個教會裡經常可見的小型手搖鐘，並對我說：

「錫遠啊，媽媽還是很愛你喔，我送你這個『愛的手搖鐘』，當你感到很害怕或很難受的時候就搖一下，媽媽會馬上過來陪你，一定會永遠在你身邊，不要擔心。」

一開始我有因為害怕而動不動就搖鐘，但是母親每一次都立刻趕來安撫我，就這樣持續了幾個月，但是在那之後，我搖鐘的次數就愈來愈少，也逐漸能獨自入眠。最終，是尊重我的內心狀態，且給予我充分包容與滿滿愛意的母親，成

16 윤정원, 〈아들아, 꼭 엄마 아빠 사이에서 자야만 하니?〉, 베이비뉴스, 2020. 11. 27.

功安撫了我的種種不安。

　　分房睡是萬萬急不得的事情，一定要能夠先安撫好孩子的心，不厭其煩地耐心等待孩子做好準備才行。和孩子分房睡並不是只有單純將空間分開；更大的意義，是提供了專屬於孩子的獨立空間，因為這是承認孩子也能擁有私人空間，是獨立個體的過程。

　　分房睡這件事關乎到家中每位成員，就算是為了幸福的夫妻關係也好，勢必還是得與孩子分房睡。假如小孩無法獨自睡覺，妨礙到夫妻的性生活，增加彼此的壓力，關係就會愈漸疏遠，而這樣的壓力最終也自然會影響到孩子。夫妻的性生活受影響，家庭成員之間的關係也會逐漸出現裂痕。從宏觀角度來看，分房睡不只影響家長，還會影響孩子的性教育，因此，為了孩子也為自己，我們都應拿出耐心慢慢開始嘗試執行。

⓲ 該從何時起和孩子分開洗澡？

> 「七歲的兒子從小到大都是我親自幫他洗澡，但是到現在都還是和我一起洗。不知從何時起，我發現每次洗澡時，他都會雙眼緊盯我的胸部和生殖器觀看，或者試圖想要伸手觸摸，我叫他以後自己洗澡，他卻老是展現抗拒。請問繼續這樣下去是可以的嗎？」

　　每次在演講現場，我都會遇見苦惱著，究竟該從何時起與子女分開洗澡的家長。其實洗澡是一項能夠讓親子保持交流的自然活動。尤其，洗澡時自然會有肢體接觸，不僅可以提供孩子情緒上的穩定與親密感，還能自然地讓孩子觀察到男性與女性、大人與小孩之間的身體結構差異，並趁機教育。

學習自己與他人之間的界線

　　每個家庭的洗澡文化，及親子分開洗澡的時間點都不盡相同。有些家長堅持從幼兒時期就分開洗；有些家長則認為親子共浴無所謂，即便子女都已經是國小生，仍維持和父母共浴。由此可見，家家戶戶都有一套屬於自己的洗澡文化，所以沒有固定答案。然而，有一項重要原則不容忽視，那便是「不分年齡，只要家人當中，有人不再願意讓他人看見自己赤裸的

身體，或者對於共浴一事不自在，那麼就需要尊重對方意願，並採取分開洗澡模式。」包括更衣也是，因為要讓孩子學習認知自己與他人（包含家人）之間的界線。

試想，假如有人沒敲門就直接擅闖房間，你會是什麼感受？我相信一定都會受到驚嚇。因為個人的界線沒有受到尊重，內心也會很不爽。跟不想被人看見自己的裸體或看見他人的裸體，是一樣的道理。我們可以透過分開各自洗澡來設定界線，讓子女在家中也能練習尊重自己、尊重他人。

需要分開洗澡及界線教育的理由

有些家長主張，藉由和子女共浴自然展現大人的身體是一舉兩得的事情，愈是躲躲藏藏，孩子反而愈好奇。雖然我可以理解這樣的說法，但是一直展現給孩子看，親子之間的界線就很容易模糊或消失。久而久之，孩子也會認為可以擅自觀看或觸摸他人的身體。

一名六歲小男孩平時都是和媽媽一起洗澡，會觀看媽媽的身體和觸摸媽媽的胸部。這位媽媽認為孩子還小，有這種舉動是人之常情，所以未覺有異。直到某天，這位媽媽帶他一起去公共澡堂，小男孩趁媽媽在洗頭髮和身體時，獨自在澡堂裡四處閒晃，甚至伸手觸摸了在場其他小女孩的胸部。飽受驚嚇的女孩母親氣得火冒三丈，一口咬定這名小男孩性騷擾了自己的女兒。最終，男孩的母親只好向對方頻頻道歉

賠不是。實際上，有許多女性民眾，會因為家長把兒子一同帶進女性澡堂裡洗澡，而感到害羞或不舒服，這也正是為什麼需要透過分開洗澡，來教育身體界線的理由。

可以從五歲開始練習分開洗澡

根據保健福祉部修正的《公共衛生管理法》顯示，自二〇二一年起，異性出入公共澡堂的年齡已下修到滿四歲，違反規定的業者將處以三百萬韓元以下罰金。保健福祉部表示，修正施行規則之原因為「隨著近年來兒童發育狀態良好，澡堂內的民怨也與日俱增」，相信任誰都不會想到，政府居然需要動用到修法，修正異性出入公共澡堂的年齡。

由此可見，當今社會的趨勢走向是，只要性別不同，就算在家中，也要從五歲左右就開始慢慢練習分開洗澡，因為時代已經不同了，我們只能順應這樣的新文化。

吳恩永博士也曾建議父母，孩子一旦滿五歲，就要開始練習和大人分開洗澡；五歲以上的話，最好要讓不同性別的手足也分開洗澡會比較妥當。雖然並非絕對，但至少要象徵性地畫出一條不同性別之間的界線，因為這條線對於孩子發展性觀念是必要的。

為什麼要分開洗？坦白明確地告訴小孩

有些子女可能會問：「之前不是一直都一起洗嗎？為

什麼突然要分開洗？」這時父母一定要明確告訴小孩，「男生和女生需要分開洗澡。雖然小時候是媽媽幫你洗，但是現在長大了，該練習自己洗了。這麼做是為了讓你能夠懂得尊重，並且珍惜自己的身體。」

如果是協助子女洗澡，也不一定要脫去身上的衣服，直接穿著衣服幫孩子清洗即可。或者讓子女慢慢練習清洗自己的身體，也是很好的方法之一，等他們習慣了之後就會自行洗澡了。一般來說，子女主動向家長提議分開洗澡的情形十分罕見。因此，分開洗澡的規則要由家長主動決定。

透過洗澡，教育小孩尊重界線並愛惜身體

洗澡同樣應從家長開始以身作則，洗完澡後不要光著身體走出浴室，最好裹著一條毛巾或披個浴衣再出來，然後躲進臥房裡穿衣。身為家長要先在孩子面前以身作則，孩子才會仿效學習。

我尤其經常聽聞，有些爸爸會在家中赤裸著身體來回走動，其實洗澡教育不能單靠小孩落實執行，父母也要一同遵守才有意義。在家庭裡尊重身體界線，會影響孩子的性價值觀與行為舉止。不只洗澡，在家庭裡樹立生活規約、尊重彼此是必要之事。孩子會透過與家人分開洗澡這件事，習得個人身體界線及尊重他人，切記，決定開始執行這項重要任務的人是家長。

ⓓ 兒子會和女兒抱在一起玩耍，
沒關係嗎？

「我家育有一兒一女，兒子今年十一歲，女兒八歲，兄妹倆平時就很喜歡玩在一起，有許多肢體接觸，隨著最近在家裡的時間變長，我發現他們倆會經常擁抱和親吻，晚上也睡在同一張床上。可是我覺得這種舉動已經不太合適，有點令人擔心。」

　　有些家長看見兄妹倆或姊弟倆抱在一起玩耍、親親的模樣格外憂心，畢竟現今社會對於異性相處互動比以往敏感許多，生怕不同性別的孩子玩在一起會不會出問題。不過，也有另一派家長認為「都是一家人有什麼關係，摟摟抱抱、親吻彼此是常有的事」。然而，手足之間其實也需要保持適當距離，尊重彼此的界線才行。

愈是熟人愈要提防戒備

　　即使是從小就不分你我一起嬉鬧玩耍的自然舉動，自某一刻起也可能會令人不適。有時我們會看到哥哥因為覺得妹妹是自己人，所以就經常肢體接觸，或摟住妹妹玩耍。然而，大人不能將此視為單純的嬉鬧行為而放任不管，因為一開始的輕微肢體接觸，到後來很可能會發展成觸摸腿部、胸

部、臀部甚至性器官，這些都是手足之間不該有的舉動，孩子在外也很可能會對其他人做出同樣的舉動。

有一對兄妹從小就很喜歡玩在一起，遊戲過程中會互相抱來抱去，但是轉眼間，妹妹升上小四，開始對於哥哥毫不避諱的肢體接觸感到不適。但是，就讀六年級的哥哥依然很喜歡妹妹，所以老是會抱住她、觸摸她的身體，不僅會摸妹妹的臀部，還會對妹妹上下其手，儘管妹妹表示「我不喜歡這樣！住手！」哥哥也只有在那當下會暫時收手。

某天，哥哥在放學回家的路上，錯認一名和妹妹背著同款書包的女學生，以為是自己的妹妹，為了鬧她而從後方偷偷突襲，拍了一下該名女學生的屁股，事後才發現竟然不是妹妹。極度不悅的女學生將此事告訴了家長，最終對方以性暴力事件提告這位哥哥，校方也為此召開學校暴力對策自治委員會。

就算是關係要好的兄妹或姊弟，也務必要遵守最基本的身體界線，尤其只要有一方感到不適或排斥抗拒，就務必要立刻停止。現在的孩子身體發育都比以前來得早熟，國小女學生只要出現二次性徵，胸部就會隆起；男孩則因為青春期荷爾蒙分泌而導致陰莖變大、容易勃起。尤其胸部和生殖器是敏感且重要的部位，絕對不能被任意觸摸。即使兄妹彼此都不排斥肢體接觸，也要在家中教育子女遵守適當的身體界線。

家人之間也要遵守的肢體接觸原則

親子或兄弟姊妹之間，都不該出現深吻、觸碰私密處的舉動，這些都屬於家人之間不該有的肢體接觸。由於現在的小孩都比較早暴露在媒體下，所以有時會出現模仿電影或連續劇的情形。

這時，請明確告知子女：「接吻或性行為，是要等長大以後和心愛的人，在彼此同意的情況下進行，在家人之間不允許這種行為」同時，也要教育小孩在有肢體接觸前，一定要先徵詢對方同意才行。

藉由一次又一次的訓練，孩子會愈漸明白彼此的界線並學習尊重。只要手足之間，懂得在相互尊重的前提下一起嬉鬧玩耍，就沒有太大問題，毋須非得要隨時保持警戒，或者直接嚴禁異性一起玩耍，而是要告知他們，如果雙方都能遵守規則，就可以安全開心地玩樂。切記，你有多麼愛孩子，就要多麼認真教育他們，肢體接觸是要在彼此尊重的前提下進行。

⑳ 當孩子問我寶寶從哪裡來時，該如何回答？

我是一名分別育有六歲、十一歲男孩的母親。某天，就讀國小的老大突然問我：「媽媽，寶寶是從哪裡來的呢？」當時還有弟弟在一旁，也對此表示好奇，希望我可以告訴他們答案。請問像這種問題，我該如何回答才好？

「寶寶從哪裡來？」這種關於新生命誕生的問題，往往最令家長錯愕。假如各位的子女也問你同樣的問題，會如何回答？據我所知，至今仍有許多家長會以「等你長大以後就知道了！」、「我也不知道，去問爸爸。」等方式來打發小孩。

然而，當家長面臨這種提問時，千萬不能用上述這種輕視小孩或者迴避的方式回答，否則孩子會改從網路或YouTube上尋找答案，進而接觸到一些偏差、錯誤的資訊。雖然這個問題不容易回答，但家長還是要明確、實際地告訴孩子才行。以下有三種回答方法可以提供給各位參考。

關於性行為的部分，只要陳述事實、點到為止就好

第一種回答是與性行為有關，其實這件事情不容易對孩子說清楚講明白，因為光是要解釋男性的陰莖進入女性陰道這部分，就已經難以啟齒，但是又要用很自然的態度進行說明，孩子才不會認為這是一件羞恥的事情，好好愛惜自己的身體。因此，我們可以向孩子如實解釋性關係，但也只要點到為止、按照他們的程度提供必要資訊即可。

01. 幼兒

如果是幼兒對此感到好奇，就只要當作是在問：「媽媽，為什麼天空是藍色的？」這種程度即可。通常這個年紀的孩子會開始懂得分辨男生、女生，對凡事都充滿好奇，提出眾多問題。他們通常只是在那當下對此感到好奇而已，並沒有想要深入探究。

因此，我們可以試著這樣回答：「媽媽和爸爸兩人非常相愛，於是有一天，爸爸的寶寶種子和媽媽的寶寶種子相遇了，結合成珍貴可愛的小寶寶喔！」假如孩子想要有更進一步的了解，就可以使用積木或樂高等可以拼湊組合的玩具，來做簡單說明。

02. 國小以上

如果孩子已經就讀國小，就可以解釋得更為詳細，因

為這年紀的孩子，不是好奇精子與卵子結合後形成寶寶的事實，而是好奇「精子和卵子究竟是如何相遇結合」，所以如果收到國小孩童的提問，可以嘗試這樣回答。

「相愛的男女發生性行為的話，男生的陰莖會與女生的陰道結合，這時如果男生的陰莖射出精液，精液裡的精子就會從女生的陰道通往子宮，再到達輸卵管，與卵子相遇。」

「從陰莖裡射出的精子大約會有三億隻，但是在這麼多精子當中，真正能夠與卵子相遇的只有一隻喔！精子與從卵巢排出的卵子結合，就表示成功受精，形成受精卵。然後這顆受精卵再從輸卵管移動到子宮裡，進行細胞分裂，附著在子宮內壁上，稱之為『著床』，從此以後，受精卵就會在這個位子上一天一天長大，變成寶寶。」

假如孩子想要了解得更深入，就可以添購性教育書籍給他們閱讀，書中會有男女生殖器結構圖及性行為動作圖，親切地為孩子進行詳細說明。

雙胞胎是如何形成的？

「老師，雙胞胎是如何形成的呢？只要有兩顆精子進到一顆卵子裡，就會變成雙胞胎嗎？」這是在對孩子們進行嬰兒誕生教育時，最常被問到的問題。大部分的小孩都以為，只要有兩顆精子和一顆卵子結合就會出現雙胞胎，但其實不然。

雙胞胎大致上分成兩種，一種是「同卵雙胞胎」，另一種是「異卵雙胞胎」，雙胞胎的產生原因尚未有明確解釋，雖然可能和遺傳、母親的年齡以及生產次數有關，但也並非百分之百確定。

　　同卵雙胞胎是一顆卵子與一顆精子結合成受精卵，而這顆受精卵在初期形成的過程中，因為某些原因分化成兩顆或兩顆以上導致。因此，兩者的基因相同，才會產生長相和性別相同的同卵雙胞胎。

　　然而，儘管是同卵雙胞胎，也並非完美複製，外貌和性格仍會有些許差異，因為人類的成長不僅靠遺傳因素決定，還包含了環境因素。雖然同卵雙胞胎的外貌幾乎看不出差異，但是受後天環境因素影響養成的性格，則可窺見差異。

　　反之，異卵雙胞胎則是由兩顆卵子與兩顆精子各自受精而成，異卵雙胞胎是來自於兩顆個別獨立的受精卵，所以會有各自的胎盤和羊膜囊。由於彼此擁有不同的精子與卵子，所以基因也會不同，導致長相、性別也可能不同。簡單來說，就只是同時出生的手足。由此可見，雙胞胎的誕生其實蘊含著人體的奧祕。

告訴孩子有關人工受精與試管嬰兒的知識

　　第二種回答是告訴小孩，不只透過性行為，還可以透過一些捷徑產生寶寶。我們通常只知道男女之間要透過性行為

才有辦法懷上寶寶，但是現如今已經是不一定要有性行為也可以懷孕的時代，懷孕的方法也多了「人工受精」與「試管嬰兒」兩種選項。

　　現在的人類已經可以借醫學的幫助懷孕生子，以上兩種選項是不孕人士經常使用的方法。KBS 電視臺《我的超人爸爸》（슈퍼맨이돌아왔다）節目中，威廉（William）和本特利（Bentley）正是山姆・汗明頓（Sam Hammington）夫婦透過試管方式懷上的兩名寶貝兒子。因此，我們要順應時代變化，告訴小孩除了男女性行為以外，還可以透過其他方式擁有下一代。

用心生出來的孩子──收養

　　第三種回答是告訴孩子可以透過收養得到寶寶，解釋有關收養的知識給小孩聽。「收養」是被人保住的孩子，不是遭人遺棄的孩子。擁有寶寶的方法當中，我個人最重視的正是「收養」。孩子不一定只能透過父母誕生，透過收養也可以擁有小孩。我們要連同收養的部分也向孩子做說明，性教育才會超越知識的範疇，到達人性的教育，而孩子觀看世界的角度也才會更為廣闊，進而養成一顆尊重他人的心。

　　如今，我們需要「更新」過去生物學式的性教育──只有傳授懷孕生子等知識，要超越生物學的範圍，為孩子說明多元家族型態，進行範圍更廣的性教育。我希望有關收養一

事，也能夠盡快被視為是極其自然的文化。

用自然且正向的態度說明

　　以上是有關「寶寶從哪裡來？」的三種回答。第一種是男女性行為，第二種是人工受精與試管嬰兒，第三種是收養。在解釋這三種回答時，最重要的是「家長自然且正向的態度」，如果是以迴避或負面的態度來回應是不妥的。儘管對於問題並未有深入了解也無所謂，光是接納孩子的問題，並且一同尋找答案就已別具意義。

　　我相信，初次面對孩子詢問「寶寶從哪裡來？」的家長絕對會深感錯愕，但是何不換個角度想，「現在就是開始對孩子進行性教育的最好時機，也是能夠與子女展開性話題的絕佳機會」。孩子會主動提出這樣的問題，就表示對家長有足夠的信賴。如果身為家長可以用正面自然的態度回應，那麼你帶著子女認識的性教育，也絕對會往良好的方向。

㉑ 赤裸裸的性教育書籍，真的可以給孩子看嗎？

「某天，我和就讀國小的孩子一起去逛書店，看見孩子對性教育書籍感興趣，就買了一本回來。不過我發現書中竟然有男女性行為插圖，而且還畫得非常露骨，讓我十分驚訝，這種畫面真的可以給小孩看嗎？我很擔心要是他看完書以後，反而對性產生錯誤的好奇心該怎麼辦？」

　　孩子真的會因為閱讀性教育書籍而產生錯誤的好奇心嗎？我反而比較擔心，就是因為家長有這樣的擔憂，而使孩子遲遲未能接觸性教育書籍。如果換作是英語、數學書，還會因為解釋得太直白而擔心嗎？不會的。但是為什麼唯獨性教育書籍會使家長如此擔心呢？原因就在於許多家長會把「性」的重點放在「性器與性行為」。其實性教育並非只有純粹學習性行為與性知識，而是在學習人際關係與相互尊重，不僅是人類教育，更是人性教育。因此，很多時候，反而是因大人帶著有色眼光看待性教育而產生問題。

引發熱議的性教育書籍

　　二〇二〇年，一本性教育書籍引發家長熱議，那便是丹

麥作家珀霍爾姆・克努森（Per Holm Knudsen）的著作——
《寶寶從哪裡來》（*How a Baby is Made*）[17]。這本書於 1971
年在丹麥出版，甚至還被收錄進當地國小教科書當中，隔年
榮獲兒童文化部門獎，後來也以優秀圖書之姿相繼在世界各
地翻譯出版。

　　這本書強調，要練習用正面的角度去接納本來的身體，
以及性是極其自然的事情，毋須為此感到害羞、隱藏。然
而，二〇二〇年，女性家庭部[18]將這本書選定為性教育教材
發放給學校，卻被一名國會議員指控「書中的露骨插圖容易
使兒童性早熟」，導致隔天又將書籍全數收回。原本毫無問
題的兒童閱讀書籍，瞬間就被貼上了「禁書」標籤。

　　這本書最具爭議的問題頁面，是印有男性陰莖與女性
陰道結合的畫面，被指控將性行為畫成是「歡愉、有趣的事
情」，雖然這種展現手法的確可能會帶來一些誤會，但是被
指控容易性早熟及露骨的呈現手法，不禁令人搖頭嘆息。

　　究竟這本書是否露骨？我們不妨登入孩子經常使用的
網路或 YouTube 看一下，裡面出現的照片、影片、色情廣
告，都遠比這本書露骨，我們不應該光憑書中的一小部分，

17　譯註：資料參考 https://read01.com/zh-tw/jymPdP.html#.YiBl-uhBzMY

18　女性家庭部（여성가족부）是韓國中央行政機關，制定政策促進性別平等與管
　　理、家庭暴力與性虐待的防止及受害者的保護、賣春的防止及受害者的保護、
　　推進女性權益地位的提高等相關事務、婦女兒童的福利與家庭政策。

就對一本「講述如何懷上珍貴寶寶」的書妄下定論。

到底是誰的問題？大人要改變的理由

像這本《寶寶從哪裡來》，不只是我，就連其他專家在針對家長進行性教育時，也都極力推薦。我用這本書介紹過無數次寶寶形成的原理，演講時也給孩子們看過好幾次內頁，卻從未發生過這種爭議，因此真正的問題就在於「這本書竟然會成為問題」。

假如一本書不能為孩子充分解惑，那麼其餘未解的好奇會從何處尋找答案？「網路」。網路的出現儼然已為時代開啟了新的一章，根本防不勝防。透過網路，孩子們直接暴露在無止境的性內容下，就算只是瀏覽社群網站或 YouTube 頻道，仍能輕易接觸到氾濫且偏差的性內容；這些資料唾手可得，隨時隨地都可以被孩子們找到。弔詭的是，為什麼這些網路媒體不成問題，性教育書籍卻被拿來放大檢視？我想，應該先從我們大人開始改變看待性的心態。

實際閱讀過這本書的幾名學生在一檔節目中曾表示「比教科書寫得更有系統，內容也整理得很好，適合拿來當作教育書籍。」雖然我每次演講時都會再三強調，但還是必須得再說一次「大人、家長一定要先做出改變！」為了促進健康良好的性文化早日成形，我們都需要更深入探討問題點是什麼、還有哪些部分有待加強。

父母先閱讀，再把知識傳授給小孩

其實如果小孩可以透過性教育書籍學習到正確性知識，就不會再心存好奇或自行上網搜尋資料，因為性教育書籍能夠恰如其分地滿足孩子的性好奇。從今以後，大人毋須再將性視為禁忌的話題，不妨試著坦率、健康地告訴孩子正確的知識。

最好的方法之一，便是先由家長開始閱讀性教育書籍，再將相關知識傳授給小孩，或者與孩子一同閱讀亦可。每當我推薦適合孩子們閱讀的性教育書籍給家長時，都會建議家長務必先行閱讀，因為如果自己都沒有先理解，自然也很難教育下一代。

假如你是真心疼愛子女的人，就應該想盡辦法將正確的資訊提供給小孩，這是身為家長及大人的義務。透過性教育書籍，告訴小孩正確的性知識，並且引導孩子培養出以自己為主體、不偏頗的性價值觀。

㉒ 孩子會光著身體在家來回走動

「我們家就讀小六的兒子，總是在家裡光著身體走來走去，其實我先生也會這樣，感覺他們父子倆愈來愈像。可是孩子已經邁入青春期，第二性徵也出現，身體都開始長毛了，看得我怪彆扭的，叫他加件衣服也不太聽我的話。請問繼續這樣放任下去，可以嗎？」

　　有些家長會因為兒子在家中，毫不避諱地赤裸著身體走來走去而苦惱不已。其實在名為「家庭」的圍籬裡，能夠長時間朝夕相處、共享私生活的對象正是家人，尤其在韓國社會裡，家庭成員之間很習慣生活在一起、互相分享，因此，很難準確劃分家人之間，要遵守的暴露禮儀與適當界線。

　　然而，就如同先前我在界線尊重教育中所提到的，家人之間也有一些「原則」是要遵守的，只要有任何一名成員感到不適，就必須做出改變。在家中一絲不掛地四處走動，是未能尊重彼此界線的舉動，成為國小生以後，不僅是在家中，就連在新環境裡也要懂得尊重人與人之間的分際。因此，既然家庭是最小型的社會，就可以從在家中開始練習。

不宜在家中過度自由走動的原因

　　曾經就有一個家庭，爸爸和年幼的兒子宛如原始人，

在家總是自由自在地光著身體走動，這位爸爸在其原生家庭裡，從小就是如此奔放，所以對此毫不避諱。然而，媽媽一直苦勸爸爸：「老公，至少穿件內褲吧，連我都替你感到害羞，這要是被窗外的人看見還得了？我和小孩多尷尬啊。」

爸爸則是不以為意地回答：「妳也太誇張了吧？反正只有我們一家人，在家裡舒服自在一點，有什麼關係，無所謂啦！」於是爸爸和兒子就逐漸習以為常，以赤裸之姿與家人「袒」誠相見。

直到某天，孩子在幼稚園裡終於惹出了事端。原來孩子在學校上課時，經常會脫去褲子和內褲在教室裡走動，每次都會被老師一把抓住，讓他重新穿好衣物。但孩子仍屢勸不聽，老是以舒服為由，將身上的衣物一件件脫去，最後甚至連同學身上的衣物也不放過，以一起玩的名義，主動幫同學脫下褲子和內褲。

最終，這件事情衍生成幼稚園性暴力事件，整個社區都得知此事。後來孩子的父母有到幼稚園向受害兒童及其家長誠心道歉，但也因此事而搬離了住所。由此可見，我們千萬不能以「反正在家無所謂」而掉以輕心。

制止時要有充分說明，以利子女理解明白

假如子女在家中光著身體走動，請試著告訴他們，「兒子啊，哪邊不舒服嗎？至少穿一件內褲吧，這樣全裸著走來

走去不禮貌喔！」倘若難以一次改正，就請試著讓小孩從穿上內衣褲開始慢慢練習。通常都是洗完澡以後就直接光著身體走出來，所以在孩子準備進去洗澡時，不妨先幫他們備一件內褲或浴袍。在制止行為時也別忘記說明原因，使孩子們能夠理解父母的用意。

在演講現場，經常會有媽媽向我表示「我先生老是光著身體在家走動，叫他加件衣服也沒用，就是不願意配合，該怎麼辦才好？」其實我可以體會辛苦工作一整天回到家，只想舒舒服服在家休息的心情，但是最起碼還是要穿上最基本的衣物，不讓家人覺得尷尬。像這種情形我會建議媽媽，與其和先生爭吵，不如先添購幾件料子舒適的機能性內褲給先生。

在家中穿著衣服走動，也是家長要先以身作則的事情，家長往往會擔心子女偷嘗禁果或牽扯性暴力行為，進而對子女耳提面命，要孩子們凡事當心，但是自己反而卻是最不小心謹慎的那個人，直接大剌剌地光著身體走來走去，你覺得這樣的表現會讓小孩會學到什麼呢？

性教育即人性教育，因此，家長先做好榜樣極為重要。在家中先做好這種禮儀教育，子女才會成為有禮貌、尊重他人的人。切記，性教育是每一位家長要擔起的重要角色，趁為時未晚，趕快展開這場禮儀教育吧！

㉓ 兒子一直模仿女孩的行為舉止，該如何是好？

「國小二年級的兒子老是喜歡玩女生的娃娃，也不喜歡做戶外運動，整天只會在家裡照鏡子打扮，行為舉止愈來愈像女孩，看得我很不舒服。我希望兒子可以有男生該有的樣子，他這樣子真的沒關係嗎？」

　　兒子喜歡女生的娃娃、愛打扮是很嚴重的問題嗎？每當我收到這種提問時，都會奉勸家長不用太過擔心，因為這種行為是孩子成長過程中一定會經歷的事情，也不是什麼特別奇怪的舉動，問題不在於孩子，而是社會對性別的刻板印象。倘若家長認為這是有問題的舉動，甚至因此責罵孩子、強硬阻止，反而只會讓孩子變得畏縮、痛苦。

　　其實根本不存在「男生該有的樣子」、「女生該有的樣子」這種東西，其確切標準是什麼？如何展現舉動才能夠符合這樣的標準？過去我在教導性別平等教育時，都會在課堂上請學生們試著表現出男生和女生該有的樣子。然而，每次上這堂課，就會出現非常有趣的情形──不分男女都會對此感到尷尬，而且不曉得該如何表現。

　　走到臺前的同學假如刻意模仿男女該有的樣子，就會引

來全班同學哄堂大笑，因為按照社會對性別的刻板印象做出舉動，只會顯得十分怪異。

性別刻板印象，會限制住孩子的才能

性別刻板印象在孩子的成長過程中會引發諸多問題，因為每個人擁有不同的才能、喜好、偏好，會隨著性別而受到限制。儘管是家長隨意脫口而出的話語，孩子也會非常自然習得這些性別刻板印象。

比方說，對女孩用「妳好漂亮」來稱讚，對男孩說「男生不可以哭」，這種都屬於帶有性別刻板印象的言語。對孩子來說，大人不經意說出口的話和舉動會成為他們的標竿，藉此了解自己該採取什麼樣的行為才最合適，並且按照這樣的約束規範養成價值觀。

像這樣長大的孩子會逐漸失去自我決定權，在社會上也會有容易看別人臉色的傾向。最終，孩子會變得難以自由自在、以自己為主體成長。一般來說，男孩與女孩吵架，大人會在一旁警告「男生不准打女生」，但其實這也是不正確的教育方法，應該要告誡小孩「不可以動手打人」才對。

歐洲性別平等研究所曾表示，性別刻板印象，會限制一個人與生俱來的天賦與能力發展，不僅是小孩，就連大人也是，如果長期暴露在刻板印象之下，就會無法妥善運用教育、專業經驗及多元機會。

不是男生該有的樣子，而是我該有的樣子

不要再把我們的寶貝孩子，困在這種性別刻板印象的框架裡了，是時候該打破擅自規範孩子極限的框架，跳脫食古不化的窠臼，孩子才有辦法自由健康地成長。

在現實生活中就有一名偉大的父親，成功突破性別刻板印象，把孩子養育得十分健全，這名父親正是演員奉太奎。

奉太奎在二○二○年一場電視連續劇製作發表會上，身穿一襲長裙亮相，並表示裙子是不分性別任誰都可以穿的服裝，也許因為至今都只有穿過褲子，所以從來都不曉得原來裙子是如此帥氣又新鮮的單品，令他十分驚豔。

他表示，當某種既定界限消失之後，會帶給個人一種驚人的刺激，也會展開全新宇宙。他的兒子也表示，假如有朝一日要穿學校制服，希望男生也可以有裙子這個選項。奉太奎就是憑藉穿著裙裝此舉，試圖擺脫性別刻板印象。

他也曾攜手兒子時河，一同出演 KBS 電視臺節目《我的超人爸爸》，當時時河身穿一襲白雪公主禮服出現在大眾面前時，引來眾人擔心「男孩子穿這樣不妥吧？」的性別認同疑慮。對此，奉太奎透過社群媒體回應，「時河喜歡粉紅色，我會以『時河的幸福』為優先，而不是以這個社會打造出來的某種標準為優先。」對他來說，比起社會標準，孩子的標準與幸福才是第一重要的。

由此可見，性別平等觀點是能夠提升孩子的「共感力」

節目中身穿白雪公主禮服
的時河

電視連續劇製作發表會上
穿著裙裝亮相的奉太奎

且培養「尊重」意識的，性別平等教育其實就是不歧視你我、相互尊重的教育。在如今多元化且急速變遷的社會裡，性別平等早已不是選擇而是必備。讓我們一同幫助孩子跳脫「男生該有的樣子」這口井，往「自己該有的樣子」這片大海暢遊吧！因為現今早已是人人「做自己」的世界。

㉔ 孩子目睹了父母的性行為

> 「家中十一歲的孩子晚上醒來上廁所，撞見我和先生行房。他聽見臥房裡有動靜，所以開門查看，結果就當場目睹了我們的房事，還問了一聲：『你們在幹嘛？』我們飽受驚嚇，連忙穿上衣服，但似乎為時已晚。有點擔心孩子會不會受到太大衝擊。」

　　倘若自己和先生在行房的畫面不小心被子女親眼目睹，我看光憑想像就足以令人錯愕至極、不知所措。對於孩子來說，平時只有在學校課堂上學習的性知識或想像，突然真實呈現在眼前，可能也會是一大衝擊。因為就算過去經常看父母有親密的肢體接觸，也不比行房畫面來得強烈震撼。而且不只子女，被人目睹性愛過程的父母受到的驚嚇，一定也不惶多讓。

　　因此，行房前，切記一定要先確認房間門是否有澈底上鎖，並教育小孩養成先敲門再進房的習慣。重要的是，父母要先以身作則，走進子女的房間前要先有敲門動作，尊重彼此的隱私才行，然後再藉此機會教育子女，進父母房間前也要先記得敲門。這就是為什麼，從小就要教育孩子敲門及尊重隱私的原因之一。

同理孩子的感受並嘗試對話

小時候可能還懵懵懂懂，但是到了十一歲左右，就已經是對性關係多少有了解的年紀。首先，被孩子撞見的當下一定會驚慌失措，但是同理孩子的感受並嘗試對話，是我們最優先該採取的行為。在此，父母最不該採取的反應是假裝什麼事情都沒發生過，倘若是用這種消極態度裝傻帶過，彼此都會感到尷尬、不安，子女也很容易對性這件事，抱持先入為主的負面觀念。父母要展現出淡然自若的態度，才有辦法相對輕鬆化解這種尷尬局面。

我們可以針對讓孩子受到驚嚇一事向小孩道歉，然而，夫妻性關係是基於彼此相愛的身體深度交流，在夫妻間是很重要的對話，所以不要害怕與孩子討論性事。記得先處理孩子親眼目睹父母房事的感受，再做出適當的回應，因為孩子當下很可能會有驚愕、害怕等感受。

「如果嚇到你的話實在很抱歉，爸媽都已經是成年人而且結婚了，那只是愛的表現，需要由相愛的兩個人都同意才能有的行為，爸媽是因為彼此相愛才會有那種互動，所以不要擔心喔！」不妨試著這樣告訴小孩，再進一步觀察孩子的反應。

孩子可能一開始會飽受衝擊，但是隨著年紀增長，某一刻起便自然能理解父母的行為。假如平時親子互動本來就很良好，針對性議題都有進行充分對話，就毋須太過擔心孩子

目睹父母房事的問題。

一開始就最好別被小孩發現

其實孩子目睹父母房事，不僅對小孩來說是一大衝擊，對父母來說衝擊更大，彷彿在房間內偷偷自慰卻被父母逮個正著的感覺，反而容易影響夫妻房事，甚至很可能因為內心產生陰影而演變成無性婚姻。

我會建議夫妻可以偶爾委託別人暫時照顧孩子，夫妻倆一起去飯店或漂亮的觀光勝地放鬆休息，藉此增進夫妻情趣，也不用擔心被孩子撞見；如果是在家中行房，則務必事先確認房門有無上鎖。

就算不幸被孩子逮個正著，也不要太過自責。夫妻做愛做的事，一點都不是可恥或不當之事，但最好還是一開始就做好萬全準備，不要被孩子發現。

第三章

為青春期的兒子
灌輸正確的性觀念

㉕ 該於何時進行第二性徵教育？

「孩子目前就讀國中一年級，他最近長好高，私密處和
腋下也開始長出毛髮，看來已出現第二性徵，我應該在
什麼時候開始對孩子進行第二性徵教育呢？」

　　第二性徵教育究竟該於何時開始進行因人而異，但是最
晚也要在國小高年級左右開始讓孩子有所了解。近來，有些
國小低年級的小朋友，會因性早熟症而出現第二性徵，在我
經營的自主學校裡，只要孩子就讀國小高年級，就會進行第
二性徵與青春期的教育。

男孩子的第二性徵，身體和心理的變化

　　雖然每個人的情況不盡相同，但是一般來說，十一歲至
十三歲左右就會分泌大量的成長荷爾蒙和性荷爾蒙，身高和
體重都會快速成長。像這樣在成長過程中，和身體發育一同
出現的性特徵即為第二性徵，當第二性徵開始，腦下垂體就
會開始分泌荷爾蒙，腦下垂體扮演著促進睪丸分泌男性荷爾
蒙的角色，引發身體成長。一般來說，孩子只要出現第二性
徵，就會出現以下幾種變化，而家長最好先熟知這幾點，並
提前告知子女，讓他們有心理準備。

青春期的身體變化

隨著身高抽高，體重變重，生殖器、腋下周圍也會開始長出毛髮。皮脂分泌變得旺盛，所以會長青春痘。男孩子會開始長出鬍鬚，進入變聲期，陰莖與睪丸也會變大。

青春期的心理變化

形成自我認同，並劃下自己的界線。情緒起伏大，不喜歡被人干涉。會因小事而歡笑、哭泣、生氣。比起家長，更喜歡和朋友相處。對於外表和戀愛感興趣，也會對性產生好奇。

培養善於表達自己、堅韌不拔的小孩

有些人會用「小四病」或「中二病」來指稱青春期子女，然而，我們不該用有問題或者「病」這樣的字眼，去負面看待正在形成、思考屬於自己世界的青春期子女。

家長往往會說，子女一旦進入青春期就會整個人大轉變，不過其實子女並沒有變了一個人，而是開始形成自我認同及懂得表達自己。這時，身為父母，就要透過性教育引導孩子，養成健全的性價值觀及性別認同。為能讓正值青春期的青少年，可以自然接受自己的身心變化，我們需要在家中安排適當的環境及條件，走進子女的房間前也務必遵守先敲門的習慣，尊重孩子劃下的界線。除此之外，也最好支持小

孩至少可以從事一項興趣活動。

青春期是子女在身體及精神方面明顯成長，且適應這種成長變化的時期，身為家長，要比平時拿出更多的共感力去傾聽他們的心聲，協助他們更懂得表達自我。吳恩永博士曾說「育兒的目標是讓子女獨立」，從今以後，我們要教出的是懂得表達自我、堅韌不拔的孩子，而不是只會順從父母的孩子。

性教育，現在就可以立刻開始

要對正值青春期的子女進行性教育是非常困難的事情，因為他們已不像小時候會全盤接收家長說的一切，有時甚至連和大人交談都不願意。然而，青春期的性教育是不可或缺的，這時的性教育，是在進行複習小時候學習的基本性教育，到了青春期以後就需要學得更為具體。

假如你打算等孩子進入青春期再來教，很可能為時已晚。所以，應當從小就先進行性教育，與子女保持充分的溝通才行。事不宜遲，可以開始關注孩子喜歡什麼，並正確了解何謂青春期。一天就算只花十分鐘也好，試著和子女溝通吧！久而久之，你會發現可以順其自然地對孩子進行性教育。

㉖ 孩子好像開始夢遺了

「孩子好像會夢遺，他告訴我某天清晨醒來，發現有東西從生殖器流了出來，不像是尿液，而是有點黏稠的液體，請問這是夢遺嗎？」

了解何謂射精、夢遺、遺精

　　睡眠中突然流出非尿液的黏稠液體，就表示有夢遺沒錯。媽媽們經常詢問我，發現兒子夢遺時自己該如何反應，為了了解什麼是夢遺，我們需要連同射精、遺精也一起認識才行。

　　首先，男性會從陰莖排出精子有三種情況：射精、夢遺、遺精，我們要先搞懂這三種情況，才能夠用簡單的方式向孩子做說明。

射精

　　指從男性生殖器射出精液的情形，通常是生殖器受到一連串的性刺激，引發射精中樞興奮，導致射精。一般來說，是在自慰或發生性關係時射精。

夢遺

這是出現第二性徵後，性成熟的男性在睡眠中射精的現象。通常是在第二性徵進行中、也就是青少年時期初次經歷，並且終身都有可能發生。不論是否為勃起狀態，都有可能出現夢遺情形，夢遺之後可能會從夢中醒來，也有可能繼續睡眠，發生頻率因人而異。只要是青少年大部分都會經歷夢遺，但也有人從未經歷過。青春期的青少年大部分都是透過夢遺體驗初次射精。

並非因為做了春夢而發生夢遺，而且也並非所有男性都一定會夢遺。假如有先自慰過，就有可能不會夢遺。除此之外，就算沒有排出精子，精子也會在體內分解吸收，透過遺精的方式排出體外。

遺精

遺精是從尿道自行泄出精液的情形，與性行為、自慰無關。通常是在日常生活中與自身意志無關的情況下流一點點出來。在做夢時遺精稱為「夢遺」；在清醒時遺精稱為「滑精」。

停止舉辦夢遺派對，以建立良好親子關係為優先

每次在性教育現場，我都會收到來自媽媽們的提問，「請問幫兒子舉辦夢遺派對好嗎？」而我一貫的回答都是，

「我可以體會您想要祝賀兒子夢遺的心情，但是也沒有必要特別為此舉辦一場盛大派對來慶祝，因為在尚未有心理準備的狀態下，對兒子來說，夢遺派對很可能是害羞且倍感負擔的事情。」

個人會建議事前與子女做好充分溝通，如果親子關係不佳，就沒有非得要舉辦這種派對不可。對於正處敏感且感受性較高的青春期兒子來說，夢遺派對很可能不是恭喜派對而是負擔派對。青春期的孩子往往會有一些專屬於自己的祕密，未必會想告知父母，倘若自作主張為孩子舉辦了一場公開的夢遺派對，會落得什麼下場呢？孩子很可能會感到十分羞恥。

這也是為什麼過去一直鮮少有夢遺派對的原因所在。建議父母最好在和孩子聊過一些性話題，且親子關係互動都良好的條件下，再考慮舉辦此類型派對。與其舉辦派對，我個人會建議，不如送孩子一份小禮物恭喜他就好。

告訴孩子自然接納夢遺

我們通常會恭喜夢遺的男孩終於成為真正的「男人」，但其實夢遺並非轉大人的關鍵點，因為就算沒有夢遺，也早已是男人。因此，我們只要告訴孩子，夢遺並非成為男人的必經過程，而是極其自然的成長過程即可。

曾經聽過我演講的一名母親向我問道「假如兒子夢遺，

我該怎麼做才好？」我回答她「假如兒子首次夢遺，可以在不讓他感到有負擔的前提下，送個小禮物給予祝賀，並試著與他聊聊看這件事。」

後來，這位母親買了一支兒子平時一直想要的智慧型手機，作為兒子的成年禮，並對他說：「兒子，謝謝你告訴媽媽夢遺的事情，第一次一定很錯愕吧？會夢遺表示你身體發育得很好，一切都很健康，爸爸媽媽也很是欣慰，謝謝你長得這麼好。不過，媽媽畢竟是女生，所以思考了很久，不曉得該怎麼跟你談這件事才好。前幾天我去聽了一場講座，老師說這是一件值得感謝且美好的事情，是健康成長的證據，所以非常恭喜你喔！」

聽說這名兒子有向母親表達感謝，因為母親不僅可以理解他的心情，甚至還特地準備了一份禮物送給他。

我們也可以告訴孩子，假設有朝一日夢遺的話，要如何簡單處理「將濕掉的內褲先清洗乾淨，再清洗身體，換件新的內褲即可。」像這樣事先說明清楚，孩子便能自然接納自己的身體變化及夢遺。

㉗ 發現孩子搜尋「女生胸部、陰部」

「老師，我發現孩子在網路上搜尋『女生胸部、舔陰部』這些關鍵字，一開始發現時我嚇到全身發抖，直接質問孩子為什麼要搜尋這種關鍵字，但事後我一直很後悔對孩子生氣，請問該怎麼做才好？」

　　每位家長發現孩子用網路搜尋性相關單字時，所展現的反應都不盡相同，有些家長認為「情有可原」，選擇沉默忽視；有些家長則認為「要是沉迷於性，進而衍生出其他問題的話怎麼辦」，為此擔心不已。

　　一般來說，青少年對性的好奇心十分旺盛，有些人會刻意避開家長、老師等大人的視線，在好奇心的驅使下搜尋有關性的關鍵字，進而接觸相關知識。重點在於，與其去評價或指責孩子為什麼要搜尋這些關鍵字，不如試著和小孩展開性教育對話。不要只有一味地責罵，而是要透過性教育培養孩子辨別是非、判斷對錯的能力。

性氾濫時代下，不要選擇迴避，要與孩子溝通

　　如今，與性有關的照片和影片早已氾濫成災，光靠滑

鼠點選幾下，就能隨時接觸到這些資訊。只要用 Google 或 YouTube 搜尋關鍵字，也會立刻出現大量女性只穿內衣的清涼照或影片，尤其輸入身體特定部位名稱，就會出現一大堆的裸照和影片。

不僅如此，在遊戲電玩或漫畫裡，也到處充斥著煽情的畫面，比起男性角色，女性角色的穿著往往更顯裸露，這些呈現手法都與孩子們息息相關，家長也很難一一過濾阻擋。

通常家長在發現孩子搜尋這種關鍵字時，第一時間會採取嚴加管教手段或乾脆沒收手機、切斷網路、讓孩子無法上網，把重點放在阻絕孩子接觸此類資訊，以免因一時好奇而誤入歧途。然而，對於已經接觸到這些影像畫面的孩子來說，父母一味地斥責或阻止並沒有太大意義，甚至愈是這樣就愈容易使小孩背地裡暗自搜尋，再也不和父母聊性話題。

因此，與其阻擋不如趁此機會對孩子進行性教育，反而更為明智。試著另外安排一段時間和孩子聊聊吧，趁還能和小孩維持良好溝通時，詢問孩子是什麼原因促使他搜尋這些關鍵字。

「兒子，爸爸想和你聊聊，我是真的基於好奇想問問你，我有發現你在 XX 網站上搜尋女生胸部和陰部這些關鍵字，坦白說爸爸一開始也很訝異，但還是想找你聊聊，可以分享一下為什麼要搜尋這些關鍵字嗎？」

（聆聽兒子娓娓道來之後）

「了解，看來應該是出於好奇才搜尋。不過，爸爸也要提醒你，那些都是帶有刺激性、危險性的照片和影片，可能會衍生其他問題，以後記得不要再看了喔！我是因為擔心你、為你好，一定要記住爸爸說的這番話。」

　　這些帶有性暗示的影像，往往只是片面式地展現性器官與性行為，容易使小孩不再將女性視為個體，養成錯誤的性價值觀。與小孩嘗試溝通的過程中，切勿以究責的口吻說話，要盡量用溫柔平和的口氣，避免讓孩子產生羞恥心或罪惡感。比起高壓氛圍，最好在包容的氣氛下進行對話。假如孩子當下不想談論此事，可以先暫時延後到下次再談。

別選擇視而不見，對孩子進行性教育吧

　　當你發現孩子在網路上有搜尋過與性有關的照片或影片時，絕對不能選擇視而不見，因為之後很可能就不只是胸部、陰部，還會搜尋到更多刺激、偏頗的色情資訊。

　　假如還是不放心，可以在電腦和智慧型手機裡下載阻擋色情網站的應用程式，再設定智慧型手機的使用時間，避免小孩過度沉迷於網路世界。

　　然後要再依照孩子的理解程度，適當告訴他們身體的美麗與珍貴，帶領小孩認識正確的性教育，就算將來不小心接觸到這些帶有色情成分的影音內容，他們也會明白問題所在，具備克服的能力。假如父母對此難以啟齒，不妨洽詢專

業性教育機構，尋找能傳授健康性觀念的專家為孩子上課。

　　我必須再次強調，最有效的解決對策，絕對是家長與子女直接溝通。因此，親子之間平時就要有一些性相關話題的討論才行。為了讓孩子能夠擁有健康性觀念，現在就開始一步步對孩子進行性教育吧！

如何在智慧型手機和電腦上，安裝阻擋有害訊息的應用程式

- 智慧型手機：開啟 Android Google Play、Apple Store 搜尋阻擋有害訊息 APP，下載安裝於子女的智慧型手機裡。安裝完成後，當青少年接觸有害訊息時，該應用程式就會自動啟動，有效阻擋惡意、色情內容。
- 電腦：搜尋阻擋非法惡意網站軟體之後，點選下載安裝。

㉘ 發現小孩會看色情片，該制止嗎？

「我有一名就讀國中一年級的兒子，最近從他的智慧型手機裡發現他竟然會看色情片，因為 YouTube 的搜尋紀錄中，有顯示『女性乳房、口交、偷窺女性身體』等關鍵字，這些搜尋內容都令我感到震驚、不寒而慄。我該放任他繼續瀏覽這些內容，還是出手制止呢？」

先說結論的話，色情片的確是不應該讓小孩接觸，畢竟收看色情片本身就是違法行為，也容易帶給孩子負面影響。然而，這項議題依然需要在親子之間被拿出來討論，藉此機會幫助小孩培養分辨與判斷能力才行。

防不勝防，連卡通《淘氣小企鵝》都會出現色情片

我們的下一代完全是置身在色情片的洪水之中，因為智慧型手機的普及，導致現在的孩子無時無刻都可以接觸到色情片。只要在網路或社群平臺上輸入關鍵字，就會出現超過數百則色情照片和影片，不知各位是否知曉？而且甚至不需要額外的認證機制，就連國小生都能輕易接觸。只要在Google 或 YouTube 上單次點擊滑鼠，就會出現一連串海量的資訊，而且不只出現成人片，也會一併出現一連串討論性

的文章。事實上,這些都是不需要特別經過年齡認證機制,就可以輕易接觸到的網站和資訊。

甚至就連收看卡通《淘氣小企鵝》(PORORO)劇場版時,也曾出現過成人片。根據新聞報導指出,有民眾在提供國內外節目頻道及內容的「WAVVE」平臺上收看《淘氣小企鵝》時,突然出現一對成人男女在床上有過從甚密的行為,由於是出現在幼童收看的影視內容當中,讓不少家長感到驚愕不已。(李佳瑛,「淘氣小企鵝播到一半,驚見男女床上親密,WAVVE 成人片大慘案」,《中央日報》,2021. 1. 30)[19]

誰也萬萬沒料到,PORORO 裡竟然會出現「PORNO」,淫穢作品、色情影片的英文就是 PORNO。每當提及 PORNO,孩子們都會反問我「是 PORORO 嗎?」原以為是因為發音相似而導致容易聽錯,所以都會重新告知,結果沒想到竟發生如此令人詫異的事情。從兒童節目都會出現色情片一事來看,可見當前情況著實嚴峻且危機四伏。

色情片的問題點,有樣學樣的孩子們

色情影片其實是非常粗暴且以男性為中心的影片,在這些影片當中不存在愛情,還會以不正常、暴力的設定安排(近親相姦、強姦、非法偷拍)來進行性行為。就如同電影

---

19 이가영,〈뽀로로 영화 보는데 남녀가 침대에…웨이브 성인물 대참사〉,중앙일보,2021. 1. 30.

裡才會出現的 17 比 1 竟能對打獲勝的主角一樣，隱藏著許多劇本橋段的安排，所以並非真實。這些色情片不僅會使人降低性暴力的知覺，還會使人擁有錯誤且不切實際的性幻想。沒有什麼東西比色情片更容易妨礙一個人養成健全的性認知，再加上近年來也有愈來愈多非法偷拍影片及性剝削影片流傳於網路。

實際上就有一名國中男學生一直沉迷於近親相姦的色情影片，某天，他趁著父母去親戚家作客的期間，闖入就讀國小的妹妹房間裡，性侵了妹妹。等家長回到家中以後，才發現女兒已經淚流滿面，兒子則因自己一時衝動而闖下的大禍，感到自責不已，正在自殘。這件事情讓一家人頓時陷入恐慌，釀成悲劇。

根據安全行政部二〇一二年發表的「青少年收看成人影片實態調查」顯示，自從看過色情片以後，對於變態劇情已經習以為常的反應占 16.5％，自覺會產生性騷擾、性暴力衝動的回答占 5％，另外還有 20.3％的高中生表示，看了色情片以後「會想要嘗試模仿」。由此可見，色情片就如同病毒般，早已滲透進孩子身處的文化當中，使孩子們在不知不覺間病入膏肓。

面對小孩收看色情片的三種處理方法

那麼，倘若我的小孩已經會看色情片的話該怎麼辦呢？

這邊提供各位三種方法聰明應對。

絕對不要恐嚇或斥責

當我們發現小孩會看色情片時，我相信對於家長和小孩來說都會感到錯愕，而且比起家長，小孩會相對更不知所措、尷尬害羞，光是被家長發現就已經讓他們無地自容了。假如這時大人還出言恐嚇或斥責，孩子只會更感罪惡、羞恥。自此之後，就算偷看色情片，也絕對會做到滴水不露，再也不被家長發現。

因此，發現當下固然會飽受驚嚇，但是身為父母一定要冷靜處理，先試著了解整件事情的來龍去脈才行。等情況都掌握好以後，不妨嘗試向孩子開口「為什麼會想看這些影片呢？我不是在責罵你，而是出於擔心所以關心你。」與孩子一步步展開對話。光是沒有責罵、恐嚇小孩，就已經成功一半。

一起討論為什麼看色情片是錯誤、不良的

色情片和現實終究是不同的，色情影片裡漏掉了性愛的三大要素：愛情、生命、喜悅，只是將性愛視為一種行為及娛樂，充滿刺激與裸露的畫面而已。色情影片裡也缺少人與人之間的同意、尊重，甚至就連避孕措施都沒有。尤其還會出現許多充滿暴力的場面，將女性視為道具或物品，把性愛

商品化。因此，還有 AV 女優出面呼籲，千萬不要模仿色情影片裡的舉動，那些都是最糟糕的示範。我們可以透過和孩子之間的溝通，一同討論為什麼色情影片是錯誤且不良的，一點一點向孩子做說明。

告知小孩絕對不可以模仿照做

當我們在使用電腦或智慧型手機上網時，可能會因為突然跳出色情廣告而不小心看見，像這樣在非主動的情況下看見沒關係，但是一定要告訴小孩千萬不可以模仿照做。孩子們因模仿色情片中出現的性玩笑或行為，而衍生的性暴力事件層出不窮，我們必須對他們耳提面命，不小心看到無所謂，但是主動去找來看是非法的，也絕對不宜模仿照做。

我們可以適當運用以上三種方法來處理孩子觀看色情片一事，假如都已經盡到告誡義務，小孩卻仍持續尋找相關影片收看的話，可能就需要進一步尋求醫生或專家的協助，替小孩進行更專業的性教育指導。

沉迷於色情影片的孩子宛如一顆不定時炸彈，倘若不是只有自己收看，還有流傳散布之行為，罪刑則更為重大，根本不曉得會在何時、何地闖下大禍。因此，從今以後，勢必得要透過性教育來幫助小孩，培養抵抗色情片誘惑的力量與免疫力才行，這便是身為家長該扮演的重要角色。

㉙ 小孩老是口出惡言，該如何是好？

> 「某天，兒子在打電動，竟脫口而出『啊～X！他 X 的！死 X 殘！』這些不雅字眼，我聽到當場愣住，簡直嚇壞了。後來我狠狠教訓了他一頓，原以為從此之後他就會知錯悔改，沒想到在網路上依然有透過文字打出這種偏激訊息。」

　　現今小孩出口成「髒」的情形遠比我們所知道的還要嚴重，不僅在現實生活中髒話連篇，就連在網路上也隨處可見，活在網路時代的孩子們會透過社群平臺、電玩遊戲、朋友，相互學習並模仿這些不雅字眼。

透過社群平臺、電玩遊戲習得滿口髒話的孩子們

　　在沒有特別限制髒話的社群平臺上，直播主或 YouTuber 的不雅字眼都會對孩子造成很大影響，尤其是喜歡打電玩的男孩，因為在遊戲中都是以匿名顯示，所以經常會出現諸如此類的對話。

　　「英雄聯盟」（League of Legends，簡稱 LoL）是一款需要組隊與敵方戰鬥的線上遊戲，在這款遊戲聊天室裡，與性有關的不雅字眼，及問候人家父母或祖宗八代的髒話可說是

漫天飛舞。

當隊員表現不佳或者和敵方戰鬥時，會肆無忌憚地頻頻出現「操他媽的、幹你娘，你爸媽都還健在嗎？某某他媽，三萬韓元出售喔！」等諸如此類的發言，朋友之間也會毫不避諱地用這些髒話來交談。

然而，這種發言足以衍生成性騷擾和提告事件。一名在遊戲中被對方飆罵「瘋子，妳這妓女！」的女性，就曾提告對方公然侮辱，後來警方介入調查，才發現對方竟然只是一名就讀國小四年級的男童，最後還是家長代替兒子到警局向當事人鞠躬道歉。由於我們難以限制孩子使用社群平臺或打電玩，所以平時就要在家中叮囑子女不應出現這類發言。

談吐展現人品，說出口的言語有如迴力鏢

這種充滿厭惡的發言，不論是在說者還是聽者心中，都會留下傷害。幾年前，一群大學生在聊天室裡公然性騷擾女性的對話被公諸於世，引發眾人憤怒，這群男大生不僅在聊天室裡對女同學品頭論足、相互比較，甚至還出現「她的臉蛋不優，如果要上她最好還是先讓她戴個頭套，應該會不錯，初次見面就強姦她！」等充滿鄙視的言論，如此猖狂且肆無忌憚的性騷擾行徑，讓許多民眾都驚愕不已，甚至就連國小儲備教師的群組聊天室裡，也以教學現場為背景，出現過類似對話。

隨著情況愈演愈烈，校方也開始重視此事，並對涉案學生嚴加懲處。倘若孩子已經習慣使用帶有性別歧視的發言，看待諸如此類事件也不以為意，就會愈漸缺乏問題意識及罪惡感。實際上，就曾有國小孩童在群組聊天室裡或者透過簡訊，傳送「我們來打炮吧」、「我想要舔你的雞雞」、「讓我摸摸妳的鮑魚」這類訊息而惹禍上身，衍生成性騷擾事件。

言語是足以展現人品與人格的道具，假如一個人說話不懂得尊重他人，甚至還口無遮攔地使用充滿歧視、鄙視的詞彙，那麼這個人又怎麼可能適應社會、成為一名心態成熟之人？透過踐踏別人來交流情感、獲得歸宿感的孩子們，長大以後會變成什麼模樣自然可想而知。脫口而出的話語終將成為迴力鏢，重回到自己的耳朵與身上。不經意說出口的一句話，絕對會展現說話者的人品。

明確告訴小孩，不論任何情況都不該有厭惡的發言

如今，政府和社會也應該將此視為一大問題，商討解決對策才是。開發社群平臺和遊戲的公司，應提高網路禮儀方面的意識，並安排相關處置。倘若在家中發現子女口出惡言、使用不雅字眼的話，千萬不要認為「孩子還小不懂事」，就不追究輕放。

俗話說，三歲習慣定八十，家長一定要教育小孩，這些

話對於自己和對方都具有多大的殺傷力。

「兒子，你知道那些話是什麼意思嗎？不管你多生氣都絕對不能這樣說話，因為那些話足以毀掉你和對方！」必須像這樣嚴肅告誡子女才行。

言語會反映發言者的意識，說話方式、常使用的單字都會展現發言者的內涵，尤其是日常生活中的發言，會比帶有目的性的發言來得更容易顯現人品。

假如各位對於子女在日常生活中說這些話選擇視若無睹，那麼就是虐待，也是放任。尤其家長應該在子女面前以身作則，使用更具尊重、美麗的詞彙。說好話其實也是一種訓練，而需要從家庭開始這項訓練。

㉚ 孩子會自慰，真的沒關係嗎？

「我的小孩目前就讀國中二年級，好像會自慰，雖然我知道這是很正常的事情，但是他的次數好像有點頻繁，很擔心身體會不會不堪負荷。而且最近似乎會搭配成人片自慰，請問我該如何處理才好？」

　　不論大人或小孩，「自慰」這項議題總是令人傷透腦筋。雖然都心知肚明是極其自然的行為，但是對於某些人來說，依舊是害羞、難以啟齒的事情。大部分的家長在發現孩子自慰時，都會不曉得該如何接受這樣的事實，以及該對孩子做出何種反應，既尷尬又不知所措。

假如撞見孩子在自慰

　　試想某天，當你一打開房門，當場撞見子女在房間裡自慰，你會如何反應？我想一定極為尷尬錯愕。這時不妨先深呼吸，告訴自己要冷靜以對。你要先想想看當下情況適不適合與子女談論自慰一事，畢竟這個話題對於許多家長或子女來說，都是羞於啟齒的主題。倘若說明得不清不楚、只想訓話的話，反而容易適得其反，使親子關係更不自在。所以像這種情況，我會建議先暫時不要開啟話題，才是明智之舉。

等事隔一段時間之後，再慢慢試著向小孩重提此事，不過也不要劈頭就問，可以從自己突然打開孩子的房門這件事開始，先放軟姿態道歉，之後再尊重並認可孩子的自慰行為，試著慢慢帶入正題即可。假如溝通順暢，我們可以再向孩子補充說明以下幾點，自慰時需要遵守的基本禮貌。

健康的自慰必須遵守三件事

在私人空間裡進行

自慰是私密的舉動，務必要先確保是在私人空間裡進行。倘若是在未與對方達成共識的狀態下，擅自將生殖器裸露給其他人觀看，就足以構成性暴力。既然我們教育孩子要在私密空間裡自慰，身為家長的我們，就應該尊重子女的私人空間。準備進入子女房間前記得一定要先敲門，才能夠避免發生讓彼此都尷尬的窘境。

以清潔與安全為優先

生殖器是敏感脆弱的部位，容易遭受細菌感染，但許多人通常都是在未洗手，或未做到充分清潔的狀態下自慰。所以，務必要提醒孩子自慰前，先確認生殖器與手部是否徹底清潔，男生的話也要避免過度搓揉或壓迫陰莖，也要避免使用容易對陰莖造成嚴重刺激或傷害的工具。

完事後也要整理乾淨

　　有時是家長在清理孩子的房間時，發現用過的衛生紙，才知道原來孩子有自慰行為，然而如果自慰後不自行收拾乾淨的話，就容易影響他人，給別人造成麻煩。因此，記得要教育小孩，自慰完後一定要收拾善後才行。

邊看色情片邊自慰，是「毒」不是「得」

　　多數小孩是藉由色情片的輔助來自慰，然而假如一味斥責孩子收看色情片，便很容易使親子溝通斷絕，所以不妨告訴小孩，可以有自慰行為，但不宜搭配色情片同時進行，因為收看那些影片本身就是違法且錯誤的行為。

　　根據新聞報導指出，泌尿科醫師強調，假如自慰時，經常搭配強烈視覺刺激，很容易引發色情片成癮（林秀賢，「子女自慰行為，該如何看待？」，《今日基督教》，2019. 12. 31）[20]。經常接觸色情片會容易產生性衝動，進而導致自慰過度。在色情片刺激下發生的無數次勃起或自慰，不僅會逐漸降低快感，還會引發性慾削減與勃起功能障礙，導致性功能出現障礙及性生活受阻。因此，邊看色情片邊自慰，絕對是「毒」不是「得」。

　　曾經就有一名男同學不僅色情片成癮，還很容易興奮，

20　임수현,〈자녀들의 자위행위, 어떻게 봐야 하나?〉, 크리스천투데이, 2019.12. 31.

某天，他看著色情片正準備要自慰時，卻在脫去褲子的過程中忍不住射精，他對此感到羞恥不已，也十分擔心會不會和心愛的人難以有正常的性關係。當時，我建議該名男同學自慰時最好不要看色情片，這會是最快的改善方法。

經過一個月之後，這名男同學主動向我表示「老師，雖然一開始很難適應，但是現在我已經不用再看色情片自慰了。自從不去看那些影片以後，我變得可以更專注於自己的身體感受，內心也舒適許多，不再沉迷於成人片了。」透過性教育，學生從此戒掉了性愛影片，也學到如何尊重、愛惜自己的方法，著實替他感到慶幸。

面對自慰的孩子，不要擔心，給予認可

當你發現孩子自慰時，比起擔心，不妨先給予認可。假如你對自慰這件事情是帶著害羞、不自在的感覺，不妨練習一點一點放下成見，將其視為生活中再自然不過的事情。其實自慰有助於身體健康，根據《美國醫學會雜誌》（*Journal of America Medical Association*）刊登的論文指出，男性自慰可以降低罹患前列腺癌的風險，透過定期排出精子，持續不斷製造精子，反而對前列腺有益。自慰是可以緩解、管理緊張的一種自然行為，藉由健康的自慰能夠感受到自己的性慾，學會如何接納、控制性慾，也可以幫助子女成為身體的主人，以自己為主體來主導性事。

㉛ 該如何看待兒子談戀愛時與另一半的肢體接觸？

「目前就讀國三的兒子好像有女朋友了，因為我看到他用智慧型手機和女朋友互傳『好想你！』的訊息，我其實很擔心，他們的關係要是發展太快怎麼辦？」

　　雖然現代家長比較能接受求學中的子女談戀愛一事，但仍放不下諸多擔憂，也就是只允許談戀愛，卻不希望子女與另一半有過從甚密的肢體接觸。然而，假如一味干涉或者禁止，孩子反而容易背著父母偷談戀愛，且隻字不提交往細節。

　　因此，重要的是平日就要事先與子女討論這項議題。首先，我們要先來檢視家長的戀愛觀──我認為的戀愛是什麼？我透過何種管道學習戀愛？如何看待談戀愛時的肢體接觸？把這些問題都先條列在白紙上重新思考一遍。像這樣先檢視完自己的戀愛觀以後，再和子女溝通討論時，才不會對著他們劈頭就罵，或者將自己的意見強行加諸在子女身上。切記，要先和子女能夠充分溝通，彼此才有機會協調戀愛與肢體接觸的程度。

肢體接觸的原則,同意與共識

家長其實難以規範孩子與另一半之間的肢體接觸,可以到達什麼程度,就算制定規範,子女也未必能遵守,要是這樣只會讓子女更有罪惡感。因此,**關於肢體接觸,最好設定一套原則與標準來協助孩子落實**,那便是「同意」與「共識」;換言之,肢體接觸是要在彼此允許且都有共識的前提下,進行到能夠負責的程度。

記住這句話,「No means No」(不要就表示不要)、「Only Yes means Yes」(只有可以才表示可以),告訴小孩,肢體接觸一定要在對方明確說「Yes」時,才等於取得同意與共識;假如不是明確的「Yes」就表示意味著「No」。而且同意必須是現在進行式,就算過去對方有同意過擁抱親吻,此時此刻對方不願意也不得強求,一定要立刻停止。

我們只要用這套原則與子女進行溝通即可。「假設你談戀愛的話,你覺得肢體接觸可以到什麼程度?」、「假如你很想與對方有肢體接觸,對方卻不想的話,你會怎麼做?」等,藉由諸如此類的問答,討論出正確的方向即可。儘管對話過程中會出現意見落差,但仍須保持尊重,耐心地聽完子女回答,因為父母要先展現這樣的態度,子女在日後萬一遇到相關煩惱時,才會願意向家長傾訴。

父母的信任與態度，會幫助小孩養成健康的價值觀

我曾於首爾開過一班小班制的課程，在三年期間內為該班同學進行過十餘次的性教育。班上有一名男同學，從國中就開始談戀愛，他的母親就是從得知兒子開始談戀愛以後，便幫他報名了此項課程，主要就是為了讓兒子能夠擁有健康的性知識與戀愛價值觀。那三年來，我看著該名男同學從國中生變成高中生，也發現他是真心喜歡女朋友，且懂得如何尊重對方。

因為他告訴我，他和女朋友的肢體接觸，是只有到雙方可以負責的程度為止——對這名男同學來說是到接吻。當他在講述自己與女朋友的談戀愛進度時，態度坦蕩大方。實際上，他要擁抱女朋友之前，也都會事先詢問對方：「我可以抱抱妳嗎？」就是個從頭到腳都非常有紳士風度的男同學。

這名男同學之所以能和女朋友交往穩定，都要多虧家長給予他十足信賴，因為他平時也能和父母侃侃而談有關戀愛和肢體接觸的話題，所以談戀愛時也沒出什麼亂子。他的母親向我表示「自從我先相信、支持兒子談戀愛以後，兒子也對我更加信任，會誠實地告訴我他和女朋友的關係進展，母子關係也變得比以往更為要好。」我也是透過這對母子再一次體認到，子女在談戀愛時，家長的信任與態度多麼重要的事實。

戀愛與肢體接觸，可以「關心」不宜「干涉」

倘若子女的戀愛關係與肢體接觸令你始終放不下心，不妨帶著「關心」而非「干涉」的態度，試著與子女展開溝通。猶如先前提到的案例，在和子女談論戀愛與肢體接觸時，最重要的是信任子女、用健康的態度去關心孩子。根據《異性交往對於青少年精神健康及學校適應之影響》（吳定華，威德大學一般研究所社會福祉學專攻碩士論文，2015）[21]這份論文指出，家庭看待談戀愛一事的氣氛及家長的價值觀、態度、溝通等，都會對青少年戀愛帶來巨大影響。

我們可以試著與子女聊聊戀愛對象是個怎樣的人、為什麼喜歡對方，我們只要扮演好當子女有煩惱或疑問時，可以親切為子女解惑的諮商師角色即可。孩子會透過這樣的過程逐漸培養對父母的信任感，也會變得更堅強。久而久之，家長也會自然成為與子女無話不談的親密好友。

21　〈이성 교제가 청소년의 정신건강 및 학교 적응에 미치는 영향〉(오정화, 위덕대학교 일반대학원 사회복지학 전공 석사학위 논문, 2015)

㉜ 我在兒子的房間裡找到保險套

「我有個就讀高一的兒子，某天在整理他的房間時，從他的衣物口袋裡發現了保險套，我只要一想到兒子說不定已經發生過性行為，心裡就會一沉，請問該如何是好？」

　　身為家長自然是會心頭一驚，錯愕無比。假如子女已經是成年人就另當別論，但是求學中的青少年要是發生性行為，自然會讓父母倍感操心。這時，假如直接把兒子叫到面前對質「這到底是什麼？你該不會有用這種東西吧！」絕對不妥。因為兒子一定會相當錯愕怎麼會被發現保險套。因此，不論任何情形，最重要的都是透過冷靜溝通來化解。

避免擅自誤會，先與子女做好充分溝通

　　我們不應該光憑發現保險套，就擅自聯想兒子一定是與人發生性行為。因為很可能只是學校或其他機構贈送給他，也可能是兒子基於好奇自行在超商購買。實際上，在學校進行保險套教育時，有些孩子還會因為初次見到保險套而倍感好奇，進而詢問我是否有多餘的保險套可以送給他們，就是純粹基於好奇，並非真要拿去使用。因此，家長發現子女有

保險套的當下，千萬不要直接就認定小孩發生過性關係，可以試著先讓自己保持冷靜，帶著一顆開放的心，嘗試和子女溝通看看。

與子女對話時，不妨先問問看他們是如何取得保險套的：「兒子，我今天在你的房間裡發現了保險套，我沒有要責罵你，只是有點好奇所以想問問你這是怎麼回事，希望你可以坦白告訴我。」孩子可能是為了想要有進一步了解而購買，也可能的確是為了性行為而準備，倘若從孩子口中得知的答案，是已經與女朋友發生過性行為，這時就可以向孩子確認是否有在安全的場所、用正確的方式使用保險套。

假如孩子有正確使用保險套，父母還可以先暫時鬆口氣，但是如果孩子對於保險套的使用方法不是很了解，就一定要趁機教育小孩正確的使用方法，並詢問孩子是否與對方達成充分共識及取得同意。另外，要記得提醒小孩，就算有使用保險套也可能會懷孕的事實，因為世界上並不存在100％的避孕，而且性關係是需要做好充分準備、承擔懷孕或性病風險的行為。

保持禮儀，就不會使人誕生

身為家長，與其過度擔心孩子怎麼會有保險套，不如選擇與子女冷靜對話，嘗試釐清問題。過去韓國藝人申東燁（신동엽）就曾代言過一款保險套，還為該品牌保險套拍

過廣告，當時的廣告文案主打「Manners doesn't make man」（保持禮儀，就不會使人誕生），這句話是運用諧擬方式將電影《金牌特務》（Kingsman）裡的經典臺詞「Manners maketh man」（禮儀，成就不凡的人）字面意思進行改寫。換言之，廣告訴求就是呼籲民眾要使用保險套，保持禮儀，才不會誕出新生命或性病問題之意。其實一般的保險套並不屬於成人用品，而是任何年齡層皆可自由選購的醫療用品。

順帶一提，韓國是 OECD（Organisation for Economic Cooperation and Development，經濟合作暨發展組織）國家中，人工墮胎率最高的國家。因此，希望各位家長不要光憑孩子有使用保險套就加以苛責。因為有使用保險套，就表示尊重自己和對方的身體，且顧及到安全問題。我了解天下父母心都會替孩子感到擔心，但是如果一發現保險套就對著孩子劈頭大罵，反而只會讓孩子更遠離父母，也更難敞開心房，所以盡可能溝通慢慢解開問題才行。

㉝ 我該教小孩如何做好避孕措施嗎？

「我聽說現在的孩子發生性關係的年齡都比較早，我的兒子目前就讀國中三年級，不曉得到底該不該告訴他避孕方法，依我看來好像還太早，請問該教兒子如何避孕嗎？」

　　是的，務必要教育子女如何避孕。不論大人承認與否，的確有一部分青少年早已偷嘗過禁果，或者總有一天會做出這樣的選擇。為了讓孩子懂得尊重、保護彼此的身體，他們絕對有接受避孕教育的義務。

　　有些家長會誤以為，教育孩子如何避孕，就表示間接同意了孩子可以在那個年紀發生性行為，但是不妨把這種擔憂，暫且擱在遙遠的仙女座星系上吧！

　　各位試想看看，我們平時為什麼要接受安全教育？主要是為了防範於未然，並不會因為今天對孩子進行了安全教育，孩子隔天就闖下大禍。反之，假如疏忽了安全教育，才容易釀出大型事故；因此，也要適時進行避孕教育，才能有效阻止發生更大悲劇。避孕教育不會助長孩子發生性行為，反而是教導孩子如何對性行為負責。

初嘗禁果的平均年齡為 13.6 歲，令人訝異的用塑膠袋避孕

根據教育部、保健福祉部、疾病管理本部針對 60040 名青少年所進行的調查——「二〇一八青少年健康型態調查統計」結果顯示，初次發生性行為的平均年齡為 13.6 歲，回答已有性經驗的青少年占總體 5.7％。然而，真正的問題在於青少年的避孕實踐率極低，在同一份調查當中顯示，青少年避孕率只有 59.3％。既然初嘗禁果的年齡已逐年下降，倘若還不落實避孕，青少年懷孕率自然只會不斷攀升，這就是為什麼一定要向青少年進行避孕教育的理由。

用來避孕的「保險套」並不是成人用品，而是醫療用品，青少年也理所當然可以購買，只是當今社會氛圍，還未到達可以讓青少年毫無顧忌自由選購保險套的程度，大人往往還是會介意並且用負面眼光，看待孩子購買保險套一事。

我曾經對一群高中生進行過避孕教育，其中一名學生就有表示自己走進便利商店購買保險套時，被大人嚴厲斥責「學生買什麼保險套！你打算用它來幹嘛？」的情形，該名同學認為自己又不是選購未成年禁止購買的商品，也沒有做出危害他人的行為，卻被用這般態度對待，彷彿自己犯了滔天大罪一樣，感到十分委屈。

大人的這種偏見與無知，反而更容易將孩子推向危險邊緣。之前還有發生過一名青少年在網路上提問：「可否用塑膠袋或保鮮膜避孕？」而引發譁然。塑膠袋是透過率高的材

質，自然完全無法用來避孕，也很容易導致成長中的青少年生殖器發炎或感染，是極其荒謬又危險的行為。

從國外的經驗學習性教育的重要性

美國北卡羅來納州立大學蘿拉・韋德曼教授的研究團隊，將過去 30 年間針對 25000 名青少年的前導實驗進行了整合分析。他們觀察過去的研究成果發現，有別於家長的擔憂，愈是在家中受過性教育的子女，發生性行為的機率就愈低，即使有發生性行為，也比較會落實避孕，懂得採取安全措施。

「根據二〇一〇年英國政府統計，有過性經驗的十六歲至十八歲青少年當中，有一半以上都對父母扮演的角色不甚滿意」、「要是有從父母那邊得知安全的避孕方法及正確的性知識，就會採取更安全的措施」（金里真，「十世代性教育，父母效果」，《EBS News》，2016. 1. 27）[22]此項研究結果顯示，為了讓孩子擁有安全、正確的性認知，著實需要家長的性教育指導。由此可見，愈是有向父母接受過正確性教育的小孩，反而對性行為愈會展現小心謹慎的態度。

22　김이진,〈'10대'의 성교육, 부모 효과〉, EBS News, 2016. 1. 27.

透過避孕教育，讓小孩養成責任心

現在的孩子正在以光的速度接觸性事，大人要能追趕上他們都已經很吃力，但是許多家長至今仍強烈認為只要自己保護好子女就好。那麼問題來了，家長究竟能否隨時在孩子身邊形影不離，照顧好他們的每一件事呢？如今，是時候該對孩子進行性教育，使其能夠自行判斷、選擇了。

避孕與雙方的下一代新生命也有關，倘若不幸懷孕，日後要承擔的責任（生產、育兒等）不僅龐大，還有可能衍生出社會問題。保險套不只可以預防懷孕，還能防止性病。因此，不論如何都一定要對孩子進行避孕教育。

除此之外，我們也要告訴小孩，就算選擇避孕也仍需為自己的行為負責。倘若家長實在難以親自進行避孕教育，尋找專家代為進行也未嘗不是一個好方法；只是不論由誰來指導，都最好不要再延遲避孕教育。透過性教育讓孩子知道愛與生命的責任，才是真正的避孕教育，也是身為家長該扮演的角色。

㉞ 發現兒子和女朋友發生了性關係

「我發現就讀高二的兒子和女朋友發生了性關係，因為在看他手機時，竟跳出女朋友傳來的訊息：『我也是第一次做愛，有點痛，應該不會有事吧？』我嚇了一跳，心臟彷彿重摔在地。一方面很生氣自己的兒子做了這種事；另一方面，也擔心他的女朋友會不會因此懷孕。」

我相信這世上絕對沒有一名家長，在得知未成年子女發生性關係時，不會感到震驚錯愕，一定會對孩子失望透頂、憤怒擔心，錯綜複雜的心情把思緒攪得一團亂。但是各位千萬要記得，這時候絕對不能一股腦地對孩子發脾氣，假如在擔心、憤怒的狀態下，直接採取強硬措施限制小孩和異性交往，孩子絕對會鬧家庭革命，與家長關係決裂。因此，就算再怎麼難以接受，也要先試著深呼吸，穩定情緒後再謹慎採取行動。

指導小孩，設立並遵守性關係計畫

首先，我們要先承認子女同為「性存在」——只要是人類，任誰都是有性慾的存在。就算是十幾歲的孩子，談戀愛有了肢體接觸以後，同樣也會情不自禁，所以我們要先承認

孩子也是有可能選擇發生性行為的個體，然後再和孩子針對此事進行充分溝通。重要的是，先向孩子道歉自己未經同意就擅自看了他的手機，再慢慢視情況切入正題。

「兒子，媽媽在看你的手機時，發現原來你和女朋友已經發生性關係了，坦白說我還滿驚訝的。首先，我要針對未經同意就擅自看你手機的部分道歉，是媽媽的錯，對不起。但是媽媽現在很擔心，所以想要找你聊聊。」

接下來，就可以試著小心翼翼問小孩，是否在彼此同意下發生的性行為？還是有一方強迫另一方進行？因為在未經同意下發生的性行為，會衍生成性暴力。另外，最好也順便問問是否有做好避孕措施，如果是兩人都有達成共識且做好安全措施的話倒還好，至少可以先暫時鬆口氣。

可是如果是在未經同意與達成共識的情況下，甚至沒有做任何避孕措施的話，就一定要針對這幾點嚴正告誡才行，告訴小孩未經同意的性關係等同性暴力，單憑一次無套性行為，也很可能將自己置身在性病與懷孕風險當中。

與此同時，還要帶領小孩一同設立「性關係計畫」，為了以防萬一，可以事先擬好規劃，做好準備，讓孩子擁有健康安全的性關係。畢竟家長也無法二十四小時監控孩子的一舉一動，也千萬不要把性關係計畫，想成是在促鼓勵孩子發生性關係。這只是在培養孩子對性行為負責任，以及讓孩子懂得在安全情況下做這件事。為了能讓子女對性行為有正確

認知，最好和子女做好性關係計畫，且多溝通才行。

父母要成為孩子愛的圍籬

　　家長不可能整天監視小孩，代替管理、負責所有事情，最終，家長該做的事情是透過性教育協助孩子擁有謹慎判斷、做決定的能力。因此，在性行為這件事情上，也要教育小孩如何以自己為主體去做決定、承擔責任。

　　與其對子女強調性關係是青少年絕對不可有的行為，不如告訴子女，即使是只有一次性行為，也有多少責任及風險需要承擔，包括性病和懷孕等。當孩子充分理解可能會有哪些後果以後，一定會做出聰明謹慎的決定。我們不要親手將孩子推向懸崖邊，相信他們、保護他們才是明智之舉。

　　家長要成為孩子愛的圍籬，這座圍籬並不是用來將孩子困在裡面，而是不論孩子發生任何事情，都能放心回到圍籬內小憩片刻、尋求安慰。倘若某天孩子不幸犯錯，希望各位家長可以給予小孩溫暖、安慰及包容，如此一來，他們才會信任父母，謹慎行事。

㉟ 孩子對性少數族群感到好奇

「我和孩子一起在電視上看了電影──《波希米亞狂想曲》（Bohemian Rhapsody），他目睹到電影中男主角與其他男人接吻的畫面，於是他問我為什麼男生要和男生接吻，有點擔心孩子會不會因此而對性產生錯誤認知，或者模仿照做。」

　　性少數族群的議題總是容易引發熱議，就好比對性不夠了解就會焦慮不安一樣，因為對性少數族群不夠了解，才會出現這些擔憂。

對於性少數族群的誤會與偏見

　　過去我們一直都生活在「異性戀者」才是正常人的社會，各位不妨仔細回想，以前是否懷疑過或者否認過自己是異性戀的事實？我想應該沒有，性少數族群也是如此。我們不應該擅自懷疑、否定性少數族群的存在與他們的愛情。然而，令人遺憾的是，至今仍有許多人會否定他們的存在，甚至對他們口出惡言，讓他們心中留下難以抹滅的傷害。

　　現今媒體早已不同以往，形形色色的人都會出現在各種媒體平臺上，其中當然也包含性少數族群。然而，有些家長卻認為，要是被孩子看見媒體上的性少數族群，孩子也很可

能會變成那樣,這其實是極其危險且錯誤的思維。性少數族群只是多元生活型態之一,絕非異常、病態或者變態的,所以不應成為批評或厭惡的對象。

一九七三年,美國精神醫學會公開表示同性戀並非精神疾病的內容,後來包括世界衛生組織(WHO)等各項團體機構也發表過多次聲明,明確表示同性戀並非疾病一事。最重要的一點是,性少數族群,也是和我們一起生活在這個社會上的一分子。

在厭惡與歧視中飽受痛苦折磨的孩子

韓國中央自殺預防中心媒體資訊組組長表示,青少年同性戀者當中,有近半數的人曾有過自殺念頭,甚至有 30% 至 40% 的青少年同性戀嘗試自殺。根據二〇一三年「韓國LGBT 社會需求調查」結果顯示,則有 28.4% 的受訪者嘗試過自殺,35% 的受訪者有過自殘行為;在遭受過歧視或霸凌的性少數者當中,則有 40.9% 嘗試輕生,48.1% 有自殘行為。

一旦在學校被同學發現自己是同性戀,就會被貼上標籤,承受無差別嘲諷、歧視、暴力。實際上,因為這種暴力而導致同儕、親子關係決裂的情況也屢見不鮮。

一名育有國中生兒子的家長,還是透過學校老師才得知自己的小孩是同性戀,原來是孩子向好友坦承自己的性向,

卻不慎在校園裡走漏了風聲，害他被其他同學欺負：「欸！聽說你是 Gay 喔？哇，太噁心！」承受著這些言語霸凌。

該名家長得知此事以後因為實在難以接受，於是直接拿出藤條教訓兒子，將其關進房間，對著孩子破口大罵：「真是丟人現眼！我看你是瘋了吧！」

孩子傷心哭訴：「世界上沒有一個人是站在我這邊的，在學校被同學霸凌，就連爸媽也不支持我，我就是個垃圾！人人都討厭的垃圾！」於是這名男孩就負氣離家了。家長後來因為找不到孩子，只好向警方報案，好不容易尋回兒子，孩子卻又再度憤而離家。

我看著這位家長事後懊悔不已、痛哭流涕，實在深感惋惜。如果連家長都不支持小孩，那麼這世上還有誰能依靠？即使小孩是性少數者，家長也要和小孩維持良好的溝通才行。

假如孩子對性少數族群的議題感到好奇，我們不妨先反問孩子對性少數者的了解有多少、如何看待他們，要是發現孩子對性少數者帶有偏見，家長就可以藉機向孩子說明「尊重」的概念，然後教育他們不應該對性少數族群帶有厭惡或歧視。

光是身為自己的小孩，就值得給予尊重與疼愛

每當我收到有關性少數族群相關問題時，都會讓我想起

一名曾經來聽我演講的母親，她的親身經歷。該名母親育有一對小兄妹，某天，她帶著兒子遠赴歐洲旅行，當她們母子倆抵達歐洲時，兒子在街頭撞見了男生與男生相擁親吻的畫面，兒子當下驚訝地問母親。

「媽！為什麼那兩個男生要抱在一起親親？好奇怪喔！」於是這位母親開朗地笑著回答「親愛的兒子，你怎麼知道他們兩個都是男生呢？說不定有一個人是和我一樣剪短頭髮的女生啊！而且假如真的是兩個男生在接吻，也不是什麼奇怪的事情。只要彼此相愛，不分男女都可以像那樣親吻擁抱。在媽媽看來，是男生還是女生並不重要，重要的是在他們的關係裡有無『愛與尊重』。你光是身為我的兒子，就很值得備受尊重與疼愛喔！」兒子聽完以後回答：「嗯！媽媽說得對，對我來說，妳也是無比珍貴的人，我會努力尊重別人。」

這名母親當時能用正面態度冷靜地向兒子做說明，著實令我深感欽佩。

「疼愛本來的你、我、我們」

這是我去某間國小進行性教育時無意間看到的一句話，斗大的字體被張貼在學校正門口，好讓所有走進該所學校的人都能清楚看見。迄今為止，這句話依然深植我心，帶給我很深的感動與共鳴。「疼愛本來的你、我、我們」這句話就

如同哲學家伊曼努爾・康德（Immanuel Kant）強調的「人是目的本身，而不是手段」。

我也是在研究性學以前，對性少數族群帶有擔心與偏見，但是自從開始鑽研性學以後，這些擔憂也逐漸消失無蹤，開始懂得反省過去無知的自己。我的父母總是對我耳提面命「碩元啊，你是世界上獨一無二的存在，光是身為我們的兒子，就充分值得被愛。」

其實人類光憑其存在本身就具尊嚴，值得被愛。但願有朝一日能夠迎來不論是異性戀、同性戀、雙性戀還是變性人，只要是人，任誰都能受人尊重、被人疼愛的時代。

第四章

性暴力，
無人能置身事外

㊱ 假如孩子不幸成為性暴力受害者

> 「我們家就讀國小三年級的兒子慘遭一名男國中生性暴力對待，在他放學後前往補習班的路上，一名國中生大哥哥把他叫到了一旁，要他把褲子脫下，讓對方觸摸生殖器。那天，孩子哭著回家，我聽他講述這件事情時心裡實在很難受，該怎麼辦才好？」

即使是男性也不例外

　　身為家長，要有心理準備，自己的小孩隨時都有可能成為性暴力受害者。我們當然不希望發生這種事情，但是不論教小孩要多麼嚴加提防，或者家長多麼用心呵護，都很難做到完美防範，畢竟我們不可能二十四小時監控孩子的一舉一動。

　　普遍來說，大家都會認為性暴力是只有女性才會遭遇到的事情，其實這是極大的偏見，在性暴力受害者當中，即使是男性也不例外。每年都會發生數百起以男童、少年為對象的性犯罪，案件數也逐年攀升。根據警察廳報告顯示，過去四年間（二〇一六～二〇一九）針對男童、少年所犯下的性犯罪案件共計 2395 件，光是去年全國就有 622 件，相較於二〇一六年（549 件）增加了 13.3%。

慶尚南道的一間國小，甚至還發生過三十多歲女教師對年僅十二歲的六年級男童犯下多起性騷擾事件，不斷傳送「愛你」、「請你吃水餃」等簡訊給該名男童，引誘對方出來，並把他叫到教室或車內進行性騷擾。

對於男性性暴力受害者的偏見

如果是男性遭受性暴力的話，大眾往往會用不以為意的態度去看待，「不會吧？你是男生耶，怎麼可能，也太丟臉了」、「反正你是男生有什麼關係，算了啦」等，諸如此類的反應。然而，這不僅是完全錯誤的想法，也是需要澈底改變的思維，因為性暴力受害者所承受的痛苦，並不會因性別而產生強度上的差異。

性暴力受害後的身心後遺症嚴重的話，不僅容易引發「創傷後壓力症候群」、「憂鬱症」等精神疾患，還很可能出現腹痛、頭痛、進食障礙等身體方面的症狀。尤其兒童、青少年時期遭受的性暴力，會對性格養成、自我認同、看待社會的視角等精神層面造成不良影響。除此之外，兒童或青少年往往也不會認知到自己遭遇的是犯罪行為，所以默默隱忍的機率較高。因此，許多受害者往往在長大成人後，仍難以擺脫兒時陰影，內心飽受煎熬。（鄭熙媛，「長大後的兒童性暴力受害者，精神折磨該如何解決？」，《Health 京鄉》，2018. 2.

　　性暴力問題不分男女，都應將其視為對人類施予的暴力及犯罪行為。孩童遭受性暴力時，要是會直接向家長反應還比較好，有些小孩很可能選擇不說，一方面是沒有認知到那是犯罪行為，另一方面是害怕將事實告訴家長。因此，倘若發現小孩未能在第一時間告知家長自己遭受性暴力，我們也絕對不要以此為由責罵小孩，或者把責任歸咎於小孩。切記，在這件事情當中最痛苦、害怕的人，正是我們的孩子。

　　在預防及面對兒童性暴力上，家長的角色十分重要，因為發生事件時，會根據家長對整起事件有多少認知、多麼迅速做出適當反應，決定兒童的復原速度及對加害者的處置程度。因此，家長要經常用細膩的觀察力，去感知孩子的身心變化。

當孩子遭受性暴力時，家長的處理對策

　　當孩子不幸遭遇性暴力時，家長的處理對策可以按照以下三階段來進行。

第一階段：掌握情況

　　大部分的家長在得知小孩遭遇性暴力時，都會驚慌得不

23　정희원，〈어른이 된 아동 성폭력 피해자…정신 고통 어떻게 해결할까?〉，헬스경향，2018. 2. 22.

知所措。一開始甚至還會出現否認反應——「你確定？」或者懷疑真偽。尤其加害者是親朋好友時，更容易如此。但愈是這種情形，愈應該選擇相信孩子，好好釐清狀況。雖然痛苦，但是一定要先將自己的情緒穩定下來，給予小孩安慰，再來尋找解決對策。

如果是孩子之間的性暴力問題，有些家長會在一氣之下直接衝去學校或找加害者理論，這其實並不是明智之舉，重點是要知道受害的孩子真正想要什麼，先聽聽看孩子究竟是想要對方道歉、補償還是接受懲罰，聽完孩子的具體意見後再審慎評估，唯有不會自我表達的幼童或難以自行做判斷、表達意見的身障人士，才需要由監護人代為判斷與決定。

第二階段：蒐集證據

假如已經掌握了某種程度的情況，接下來就要開始進行蒐證，在這段過程中，要是能取得孩子的同意，錄影或錄音尤佳，主要是為了替日後可能會展開的法庭攻防戰未雨綢繆。

為了進行蒐證而提問時，以下幾點需格外注意，首先，不能使用誘導式提問，比方說「是不是那個人脫你褲子？」、「當時就是那個人摸你，對不對？」等帶有誘導性的提問方法，在法庭上反而容易對自己不利。

因此，我們應該用「開放式提問」來蒐集證據，為能展

現整起事件的來龍去脈，我們要先對事件有精準掌握才行。「事情發生時，是在哪一堂課結束後？」、「身邊都沒有同學目睹嗎？」等，讓孩子能夠充分回想當時情境並做出回答才行，然後再逐步讓小孩具體回答加害者的容貌等，有助於辨識身分。

當然，我知道家長光是聽聞小孩遭遇這種事情，就一定先氣得半死，錯愕至極了，要再問孩子這些問題來蒐證並不容易。這時，也可考慮尋求專業機構協助。

第三階段：向專業機構報案，申請諮詢

如果是家長難以解決的情況，請立即撥打緊急保護專線113 或警局報案專線 110 報案（台灣專用）。假如事件和學校有關的話，與教師展開密切合作也是一種方法。加害者是受害兒童的親戚時，有些家長會不曉得到底該不該報案，然而，切記這種情況也一定要報案處理，才能夠有效阻止對方再犯，並且讓受害兒童得到適當的保護、治療與支援。

我們可以選擇鄰近的「向日葵中心[24]」蒐集性暴力證據，並接受醫療支援。「向日葵中心」不僅支援性暴力受害兒童和女性，就連家暴受害兒童和女性、性交易受害女性，

---

24 韓國政府設立的援助型機構，旨在為性暴力受害兒童等提供身體和心理治療、法律、調查服務，全國各地都設有該機構，與當地大型醫院合作，參考網站：https://kknews.cc/zh-tw/society/nkqrko2.html。

皆可在此獲得協助。全年三百六十五天二十四小時營業，全國各地也都設有該機構。順帶一提，受害者不論男女，該機構都會給予支援。（台灣可尋求各縣市的「家庭暴力暨性侵害防治中心」援助）

把足以當成證據的衣物與證據，帶到鄰近的向日葵中心，那邊他們會提供醫療、諮商、心理治療、治療、搜查、法律等，全方位又專業有系統的支援，而且還會有專家協助錄影或錄音蒐證。

如果打算向加害者提告，就需要先找律師諮詢（未滿十三歲兒童之間的性暴力，是無法透過法律給予加害者懲處的），與專門負責性暴力案件的律師見面商談、準備對策即可。假如對於請律師的費用感到有負擔，也可以透過向日葵中心接受國選律師的免費協助。由於一般人對於法律不是很清楚，所以最好還是接受律師的協助會比較好。

對受害兒童「該做」與「不該做」的事

面對性暴力受害者，最重要的是言行皆需謹慎。

對孩子該說的話與該有的行為

- 「謝謝你告訴我這件事。」
- 「這件事情絕對不是因你而造成。」
- 「你會生氣難過是理所當然的。」

- 「你沒有做錯任何事。」
- 「爸媽都相信你，永遠都會站在你這邊。」

對孩子不該說的話與不該有的行為
- 「你應該要自己小心啊！幹嘛不拒絕對方？」
- 「對方幹嘛偏要挑你下手呢？一定是你的問題啊！」
- 「簡直太丟人現眼，絕對不可以告訴其他人！」
- 「所有人都被你搞得好累，這到底是在幹嘛？」
- 「都被欺負了怎麼還悶不吭聲？絕對不能輕饒對方！」

父母和小孩都需要治療和恢復

遭受性暴力，不論對小孩還是父母來說都是莫大打擊，這種打擊在日常生活中會持續對小孩造成影響。因此，不僅是小孩，就連父母也務必要接受心理治療，彼此都要努力往治癒邁進。重要的是，父母一定要站在孩子這邊當他們堅強的後盾，孩子才有辦法在父母身邊漸漸康復。

要是事情未能圓滿落幕，處理得不盡人意，也千萬不要感到自責，因為無論結果如何，都不是你和孩子的錯，因為在陪伴孩子解決問題的每一瞬間，你一定都有竭盡全力。所以，不論事件結果如何，建議還是把精神專注在修復身心上，在孩子身邊成為他們的力量。

｜性暴力受害者可以得到幫助的台灣機構與團體｜

機構與團體名稱	電話號碼	網頁
家庭暴力暨性侵害防治中心（家防中心）	各縣市均有設置	
113 保護專線	0800-095-113	
人本教育文教基金會	(02)2367-0151	
婦女救援基金會	(02)2555-8595	
現代婦女基金會	(02)7728-5098 分機 7	
性暴力防治服務——勵馨基金會	(02)8911-8595	
社會安全網——關懷 e 起來	0800-095-113	

機構與團體名稱	電話號碼	網頁
社團法人臺灣兒少權益暨身心健康促進協會——全芯創傷復原中心	(02) 6605-7335 分機 9	
芙樂奇心理諮商所 心芙創傷復原中心	(04)8346-028 或 0963-609-399	
桃園市助人專業促進協會——助人性侵害創傷復原中心	(03)335-9532 分機 501	
社團法人花蓮縣兒童暨家庭關懷協會	(03)8563-020	
旅行心理治療所	0972－691-801	
中崙諮商中心 心理諮商所	(02) 2731-9731	

◎以上資訊來源：衛生福利部保護服務司

㊲ 假如孩子是性暴力加害者

「我家就讀國中的兒子竟然在地鐵裡偷拍女性裙底風光，受害女性報案後兒子就被帶進了警局，我臨時接到通知，連忙跑了警局一趟。我完全沒料到，平時看起來天真老實的孩子居然會做出這種事，感覺天都要塌下來了。」

千萬別以為自己的小孩會是例外

就如同小孩隨時都有可能成為性暴力受害者一樣，他們也很可能一夕之間成為「加害者」。當然，我們都不樂見發生這種事情，但是沒有人能保證自己的小孩絕對不會誤入歧途。實際上，十幾歲青少年性暴力加害者，的確顯示逐年增加當中。

根據警察廳資料顯示，非法偷拍加害者當中，未滿十九歲的少年嫌犯在二〇一九年末高達 922 人，相較於過去二〇一五年的 411 人、二〇一六年的 601 人、二〇一七年的 817 人、二〇一八年的 885 人，都能夠看得出來有逐年增加的趨勢。令人擔憂的是，青少年的非法偷拍犯罪很容易衍生出製作、散布性竊取影像的二次數位性犯罪。過去五年間（二〇

一五～二〇一九年），製作、散布性竊取影像等非法內容網路犯罪的青少年犯罪嫌疑人，總計高達 10709 人。（崔仁真，「青少年智慧型手機非法偷拍犯罪驟增」，《京鄉新聞》，2020. 10. 5）

大部分父母得知小孩變成性暴力加害者時，都會展現出「怎麼可能，我的小孩絕對不可能做這種事，一定只是調皮惡作劇」這種難以置信的反應，甚至就連孩子被稱之為性暴力加害者都難以接受。然而，即使是平日乖巧溫順的孩子，隨時隨地都有可能成為性暴力加害者。

當孩子被人指控是性暴力加害者時，家長的反應，也如同面臨孩子遭受性暴力時一樣重要，因為會根據家長對情況有多少掌握、多麼迅速做出適當反應與對策，決定問題是否可以妥善解決。

假如孩子不慎成了加害者，請遵循以下方法處理

01. 釐清事實，積極參與

當孩子不慎成為加害者時，不能用「絕對不可能」這樣的態度去否認情況，家長與小孩都要積極配合搜查機構才行。大部分的家長一開始都會極力否認自己的孩子是性暴力加害者，用不配合的態度到場說明，但這是絕對不該有的行為，因為等於是對受害者做出二次傷害，更何況這種態度對小孩來說也是不良示範。

02. 誠心誠意道歉，履行受害者的要求

假設小孩已經被判定是加害者，就要盡快誠心誠意地向受害者致歉，大部分問題會鬧大，都是因為沒有及時對受害者致上真誠的歉意。假如多少能夠同理受害者的心情，就最好拿出真心向對方道歉，不要再多做辯駁，而且不只是口頭道歉，還要履行受害者提出的要求，透過行動來展現誠意才行。

03. 接受防止再犯的教育

道歉完以後，更重要的是要防止小孩再犯，建議家長和小孩一同接受防止再犯的教育。為了讓小孩痛改前非，不再重蹈覆轍，其實要先從家長開始改變，在家中重新樹立性價值觀，檢視是否有落實尊重身體界線教育才行。

加害孩童中，許多是把這樣的行為認知成「玩笑」或「遊戲」，進而衍生成性暴力問題，並非出於想要刻意加害對方之意圖。然而，我們絕對不能將性暴力視為單純的玩笑，或成長過程中情有可原的事情，一定要明確掌握為什麼孩子會有這種舉動。我們可以與小孩分享一些「用玩笑包裝暴力」的實際案例，教育他們，在同儕之間也要懂得遵守適當界線，日後才不會重蹈覆轍。

當孩子被指控是加害者時，家長不該有的言行

當小孩被人指控是加害者時，家長絕對不可以出現以下

這些言語和舉動。

「只是小事，這沒什麼大不了」這句話絕對是禁忌

性暴力絕非小事，甚至嚴格來說就是「暴力」，所以是極為嚴重的事情。通常孩子犯下性暴力事件，都會被視為不比成人性暴力來得嚴重，但這是錯誤的觀念，未經同意下侵害個人決定權的所有行為，都足以構成性暴力。

就算是孩子之間開的小玩笑，也很可能成為一把利劍刺傷他人，這項事實，務必銘記在心。家長的這種輕浮態度，不僅會讓小孩對性暴力逐漸無感，日後也可能會衍生出更大事件。

千萬別認為「應該是對方太敏感了吧？」

難道真的是受害者太敏感嗎？不論受害者的感受如何，都需要受到尊重。會認為對方太敏感，也是來自於認為性暴力沒那麼嚴重的錯誤偏見。其實不是受害者太敏感，而是認為受害者太敏感的人「太無感、太遲鈍」。因此，應該從家長開始提高性認知感受力才行，提高看待性這件事情的敏感度，才能夠正確看待性暴力，尊重他人，不再肆意冒犯。

不宜對小孩展現排斥、輕視的態度

有些家長會因為小孩成為性暴力加害者而表現失望，

不僅會對孩子說：「我是多麼辛苦養你！怎麼會變成這副德行！再也不准回來！」還會明顯排斥孩子。然而，就算是犯錯的孩子也是自己的孩子，別忘了家長仍有養育的責任。

雖然我充分可以同理說出這些話的家長心情，但絕對不能對孩子展現否定、排斥的態度，因為這樣就等於是親手將小孩推開，建議藉由此機會好好教育孩子，重新宣導性暴力的嚴重性。

教育小孩不再犯相同錯誤

每個人一生中都會有犯錯的時候，這些錯誤有如覆水難收，無法重新來過，然而我們能做的是擦拭乾淨，再重新盛裝一杯水。為了收拾殘局，要先勇於承認自己的錯誤，用真誠的心道歉才行，透過道歉的舉動，我們會承認過錯、學習人生。

不僅在家中，包括在學校或機構裡，也要積極為加害孩童進行防止再犯教育。發生性暴力事件時，直接嚴懲剔除加害孩童並非最佳方法，雖然孩子犯錯是無庸置疑的，但社會也不應該直接埋葬、不接納這樣的小孩，因為假如這群孩子被社會唾棄、排擠，很可能將來某天又會再犯。

家長要給予小孩承認錯誤、改過自新的機會，帶領小孩不再重蹈覆轍才是最佳方法，這點請務必要牢記在心。

㊳ 有什麼方法可以預防數位性犯罪？

「請問有什麼方法，可以讓小孩避免捲入數位性犯罪事件？最近每次看到這種事件都會很害怕，又不可能整天盯著孩子，很擔心孩子在網路世界裡變成受害者或加害者。」

　　大多數兒少數位性犯罪都是發生在社群平臺及網路上，畢竟這個世代的孩子十分熟悉網路和數位媒體，犯罪舞臺也從現實世界挪移至網路世界。隨著網路空間成為犯罪的舞臺，變形的犯罪型態也持續登場。

　　京畿大學犯罪心理學系李秀晶（이수정）教授就曾表示「鮮少有十幾歲青少年會因為隔壁鄰居小孩受罰而得到教訓，他們絕對需要教育。」不只在社會上，就連在家中也是，家長要先熟知數位界線教育及數位性犯罪預防守則，在日常生活中指導小孩才行。

在家中教育小孩數位界線

　　首先，請試著回答以下三個問題，以O和X來作答。

1. 我不太清楚，孩子平時用智慧型手機在做什麼事。

2. 我曾經有未經孩子同意，擅自拍攝或上傳孩子的影片和照片。

3. 孩子曾有過未經我同意，就擅自拍攝或上傳我的影片和照片。

其中只要有一題答O，就一定要接受數位性犯罪預防教育。首先，我們先來了解一下哪些是可以在家中進行的數位界線教育。當我們要觸摸別人的身體或使用別人的東西時，都知道要先經過對方同意才行，同樣的，拍攝別人或上傳別人的照片及影片時，也一定要先徵求對方同意。因此，在家中我們就要先以身示範，對小孩進行這方面的教育。

家長要準備拍小孩或者要上傳網路前，記得先問孩子「我可以拍你嗎？」、「我可以上傳到網路上嗎？」假如孩子同意，就可以放上網。但要是孩子不同意，就一定要尊重孩子的意願，並進行機會教育，告訴他要像爸媽這樣取得你的同意才可以拍攝上傳，孩子也會藉此學到實踐方法。

日常生活中，有些家長會在未經孩子同意下就擅自拍攝上傳至社群平臺，至少從今以後，我希望各位一定要記得先徵求孩子的同意再這麼做，這樣日後萬一有人擅自拍攝你的小孩時，他也才會懂得制止對方。

五項數位性犯罪安全數值

關注兒童、青少年網路活動，與孩子達到充分溝通

　　家長要對於小孩在電腦或智慧型手機上進行哪些事，多少要有些了解才行。尤其男孩往往是透過電玩遊戲與人互動，所以假使知道孩子喜歡哪一款遊戲，與孩子之間的對話也會更順暢。因此，不要一味阻止小孩打電動，不如將其運用成親子溝通的管道。

　　為了與小孩透過數位方式溝通，家長一定要先進入數位世界才行。在此需要注意的一點是，不能過度干涉孩子的上網活動，因為當孩子受害時，很可能會選擇對父母隱瞞。

告訴小孩，不能將個人資料上傳到網路上或輕易傳送給別人

　　告訴小孩千萬不要隨意將自己的姓名、年齡、手機電話、住址、學校、身分證字號等個人資料上傳到網路上，或者傳送給其他人，因為很可能會被人拿來惡意使用。除此之外，陌生人傳來的不明網站或文件也絕對不要點開，因為這些網站和文件往往都有安裝駭客程式，在點開的那一瞬間，就會被對方盜取個資。

告知數位性犯罪的危險性

　　我們要告訴小孩，未取得他人同意的拍攝、威脅及流傳散布合成的色情影像，這些都不只是單純的玩笑，而是「犯

罪」，絕對不可以拍攝、流傳、觀看。順帶一提，即使是他人取得拍攝同意後拍攝的影像，我們也不能將其擅自流傳，很可能會觸犯到「未經同意散布影像之犯罪」。一旦發現這種情形，應立刻報案處理。近年來，AI 換臉色情片問題也日趨嚴重，將名人或一般人的臉部與性竊取影像進行合成，再於網路上散布流傳的案例層出不窮。

如果有人問個人資料或要求見面，一定要告知大人

我們要告訴小孩，在現實生活中和網友約見面，是一件有風險的事情，假如有人要求提供聯絡方式、照片、見面等，務必要告知家長或周遭可以尋求協助的大人。尤其在網路上主動提出願意提供禮券、優惠券、遊戲道具等的人，更需要嚴加提防，千萬不能輕易答應對方。

因拍攝、散布、威脅等害怕不安時，要尋求專業機構的協助

當孩子不慎成為數位性犯罪受害者時，大部分家長都會在驚嚇害怕之餘，先刪除孩子在網路上的對話紀錄或相關應用程式。然而，這樣親手刪除證據，將加害者繩之以法的難度就會提高。就算是為了小孩，也一定要先將受害影像、社群網站聊天訊息、聊天群組、po 文等截圖起來，盡可能將這些證據蒐集齊全。

最好的方法，是發現當下立刻向專業機構報案，可以防

止已傳送給對方的照片和影像遭到刪除或流傳，也可透過這些專業機構獲得證據資料蒐集、心理治療、免費法律諮詢等服務。

數位性犯罪支援機構

- 婦女救援基金會 https://www.twrf.org.tw/info/title/566
- iWIN 網路內容防護機構 http://i.win.org.tw/

父母一定要站在小孩這邊

當孩子遭受數位性犯罪時，為什麼會難以向父母啟齒？因為孩子認為說出口的那一瞬間，一定會被家長痛罵，或者承受社會批判。有一件事情我一定要告訴家長，不論如何都一定要站在孩子這邊，當你得知孩子受害的事實時，要告訴小孩不是他的錯，並且真心力挺他才行。千萬不要問小孩要如何承擔受害的責任，因為自你開口問他們的那一刻起，孩子就會飽受罪惡感所折磨，只會更加閃躲隱藏。

對孩子來說，眼下當務之急，最需要的是對性與網路媒體的正確辨別力與判斷力，為了培養這些能力，家長平時要和小孩針對這些議題，進行富含深度的對話，尤其，絕對不可以拍攝、散布、觀看非法照片和影像，這些統統都屬於犯罪，一定要明確告知。不只是家長，包括整個社會，都應該用心傾聽孩子的心聲，以免他們深陷危險。

㊴ 兒子和朋友在網路聊天室裡分享性愛影片

「我無意間看到高中生兒子的聊天訊息，結果嚇了一大跳，因為他竟然在聊天室裡互傳女性私密處照片及性行為影片，和朋友們聊著：『這個不錯吧？』『來點更猛的吧！』諸如此類不堪入目的發言。」

十幾歲青少年透過社群平臺共享色情片的案例層出不窮，至今仍有太多人不了解流傳色情片的嚴重性，甚至揚言「本來就是任何人都可以看啊！」、「這世上或許有人從不看色情片，但絕對沒有人只看過一次。」並將其視為純粹的消遣娛樂、精彩影片。然而，觀看色情片本身就屬違法行為，將其視為有趣好玩的事情，是極其危險且錯誤的想法。

兒童、少年性剝削照片和影片，只要瀏覽、收藏、流傳皆屬於犯罪

以色情片名義流傳散布的影像當中，也包含著「非法偷拍」及「性剝削」資料，只要瀏覽或散布，就等於直接參與犯罪。自從發生 Telegram 「N 號房」性剝削事件之後，韓國國會便通過了性暴力處罰法修訂案，光是持有、購買、收

藏、收看非法色情拍攝影像及照片，就會受到刑事處分。

　　尤其瀏覽、持有、流傳以兒童和青少年為對象的性剝削照片和影片，是極為嚴重的犯罪，下載或收藏未成年裸照、裸體影像等，也會比照違反兒童、少年性剝削物來處分。儘管出現在影片及照片裡的人已成年，只要身穿可以使人聯想到兒童、少年的服裝，也會進行處分。另外，身穿學校制服的角色人物出現在成人動畫片裡，同樣會被法院認定為兒童、少年性剝削物。

色情片，絕對不容輕忽

　　我們絕對不能輕忽孩子和朋友之間互傳色情片一事，因為一旦選擇視而不見，往後就很可能會衍生出更大的犯罪。實際上，就有一名青少年在學校偷拍授課中的女老師的裙底風光，還將其流傳出去，結果被調查出來，受到懲處。在發生這起事件之前，該名男學生的母親就曾在偶然機會下發現兒子會看色情片，也會與朋友們共享影片。後來她和周遭人士談及此事，透過引介才找上了我，向我諮詢性教育一事。

　　坦白說我與這位母親初次見面時，的確對她那一副沒什麼大不了的樣子吃驚不已，她口口聲聲說著「誰小時候沒看過色情片？最近看他讀書很辛苦，應該是壓力大才會看那些影片吧。」於是我告訴這位母親，這種想法是極度危險且不應該的，在家中也不該對孩子展現這種錯誤行為，務必要帶

孩子來接受性教育才行。然而，該名母親沒有把我說的話放在心上，聽完也沒有下文。

幾個月後，我接到這位母親的來電，她說：「我真的很後悔當初沒將您說的話聽進去，孩子的確很需要性教育，他說他是想要模仿色情片裡的橋段，所以才會偷拍老師的裙底風光。目前消息在學校和社區都已經傳了開來，說我家兒子是『性犯罪者』，所以他整天都只能待在家裡，足不出戶。」

「這種程度還好吧，應該不會有什麼問題」往往就是這種想法，才使自己惹禍上身。每當我看見出事以後才悔不當初、向我聯絡的家長時，都會感到不捨和心痛。

不只是加害者教育，還有旁觀者教育

教育孩子不要成為冷漠的旁觀者也是極重要的事情，因為孩子就算沒有成為加害者，也很容易當個沉默的旁觀者，畢竟任何人都很容易選擇沉默。然而，這種沉默和旁觀，很容易釀成更大的傷害，因為犯罪往往發生在缺乏監視中。如今，我們要教育小孩，不要再當沉默的旁觀者。在認知並阻止性暴力問題上，家長和周遭人士的每一句話都會扮演很重要的角色，一旦領悟到任何人都有可能目擊此類事件，就不會將性暴力視為只是加害者與受害者之間的問題，而是自己與周遭、甚至是所有人的問題。我們從媒體輿論報導的「N

號房」性剝削事件中，可看出在那些聊天室裡一同觀賞的會員，不僅只是旁觀者，也是性暴力的共犯，且警方也對此展開調查。

一般來說，在好朋友之間或群組裡，比較難制止大家的這種行為，但是選擇沉默或旁觀其實也等於是參與加害。假如真的把他們當朋友，就不該共享、評論這種非法色情片，願意指正錯誤的人才是真正的朋友。我們可以告訴小孩，假如一個人能力有限，也可以尋求周遭大人的協助。

我曾經對一名國小六年級運動部的學生進行過性教育，實際上在他們學校男子運動部聊天群組裡，就有人上傳過女性照片並對她品頭論足。後來該名學生上完我的性教育課程以後，便鼓起勇氣在聊天室裡寫了一句「你們別再傳這些東西了，我每次看到都覺得很不舒服，再繼續傳我就要告訴運動部老師了喔！」於是其他同學也接連站出來規勸這種行為。日後聊天室裡也就再也沒出現過那些內容了，等於是一名願意挺身而出的人，改變了周遭所有人。

像這樣鼓起勇氣聯手制止的力量不容小覷，我們要透過性教育教導孩子，不要只當旁觀者，與此同時，也不要忘記整個社會應該團結起來，努力讓下一代不要落入危險中。

㊵ 孩子透過隨機聊天，傳送自己的性器官照片

「國中生兒子最近向一名聊天室網友傳送了自己的生殖器照片，當我從他的手機裡發現這件事情時，真的是嚇個半死，好擔心那些照片不知道會被流傳到哪裡去。我實在不曉得該安慰孩子還是痛罵他一頓，請問該怎麼做才好？」

隨機聊天室，是一種只要登入聊天軟體，就會任意幫你安排聊天對象的服務。能夠與同樣登入中的匿名人士隨機配對，進行一對一的聊天，而這種隨機聊天室，正是數位性犯罪的溫床。

每當我接到數位性犯罪受害者的家長聯絡時，家長緊張的心跳聲都會如實傳到我耳裡，大部分家長會不知所措，也會陷入恐慌。然而，我們絕對不可以直接對著傳送生殖器照片的孩子劈頭就罵，一定要先充分聽完孩子的解釋說明，再一同為解決問題努力。

其實不論多麼賣力宣導數位性犯罪的嚴重性，始終不足夠。尤其是以十幾歲青少年為對象、透過隨機聊天所犯下的數位性犯罪最為嚴重。如今，隨機聊天軟體儼然已被不肖人士惡用成性剝削兒童、少年以及進行非法有害行為的主要途

徑。引誘未成年拍攝性剝削照片和影片，再將其非法散布流傳的 Telegram「N 號房性剝削事件」也是其中之一。

事態嚴重的隨機聊天性犯罪

隨機聊天性犯罪的危險，早在很久以前就被點出是社會問題，也被指是以兒童、少年為對象的性犯罪主要途徑。隨機聊天軟體只要輸入簡單資訊，就可以不必透過額外的認證機制直接加入會員，甚至就連加入會員的資料都可以造假。因此，欺騙對方自己的身分是不受任何制約的。

二〇一九年至二〇二〇年的法院判決當中，透過網路閱覽服務搜尋「隨機」、「聊天」等關鍵字後，顯示過去兩年間，受到法院判決的隨機聊天相關犯罪共有 115 件，其中，被法官判定觸犯「兒童福祉法」、「兒童、少年性保護相關法律」等之案件有 56 件（48.7％），與隨機聊天有關的犯罪受害者當中，則顯示一半是「未成年」。（金慧善，「隨機聊天性犯罪，一半是『未成年受害者』」，《Newspost》，2021. 2. 25）

尤其以兒童、少年為對象所進行的隨機聊天犯罪一直層出不窮，女性家族部終於在二〇二〇年將隨機聊天軟體指定為「青少年有害媒體」並嚴加取締，把提供聊天服務卻不具任何技術措施的軟體，歸類為青少年有害媒體，倘若有業者違反青少年有害標示義務，將處以有期徒刑或易科罰金，未來只要是不具備實名制認證功能、儲存對話功能、檢舉功能

的隨機聊天軟體，青少年就不得使用。

然而，隨機聊天的「死角地帶」仍舊存在，因為透過遊戲等網路連結的聊天室、對話軟體、留言板或留言，也就是任何人都可以看到對話內容的公開軟體則不被列為規範對象。實際上，二〇二一年就有一名三十多歲的男子透過即時通訊軟體 KakaoTalk 的公開聊天室結識了一名國小女童，並引誘女童至家中性侵。他在網路上對該名女童表示「好想見妳，告訴我地址吧，好想妳。」藉此接近女童，最後要分開時，甚至還對女童出言恐嚇，「我知道妳家地址，最好給我小心一點！」

男孩不慎成為數位性犯罪受害者的原因

十幾歲的孩子十分熟悉數位文化，使用智慧型手機和平板的頻率也很高。他們熱衷於在網路世界裡交朋友，或者建立社會關係，所以更容易暴露在這種犯罪下。那麼，男孩究竟為何要拍攝自己的生殖器照片傳給對方呢？

十幾歲的孩子會為了滿足或排解對於性的好奇，而使用錯誤方法；再加上，將性能力視為男人能力當中一大部分的社會文化特性，男孩更容易藉由展示自己的生殖器，顯示自身存在、表現出想要獲得認可的慾望。很多時候，他們想要拉近距離、炫耀的對象，也未必是女性。

持續關心、更用心對待孩子

為了讓孩子不要沉迷於隨機聊天軟體，請務必告訴小孩，與陌生人對話時，小心隨時隨地都有可能成為犯罪目標。然後要是不幸暴露在數位性犯罪下，記得千萬不能在情急之下就直接退出聊天室，或者一股腦將軟體刪除，因為最重要的是蒐集證據，可以聯絡受害者支援機構，尋求專家的協助。

重要的是，不能讓孩子沉迷於隨機聊天軟體，專家們主張，通常是因為孩子缺乏家長等周遭環境的保護與關心，而陷入犯罪事件。為了預防出現這類問題，平時要多關心小孩，與孩子維持良好溝通，並且透過專家定期的性教育，讓孩子認知此類犯罪，告知他們遇到問題時該如何尋求協助才行。

千萬不能將自己的身體給任何人看，也不可以自行拍照傳給別人，這點務必要對小孩耳提面命。與此同時，我們也要不吝給予孩子想要得到的認可與稱讚，這樣孩子才不會從網路上尋找填補內心空缺的管道。家長的關心、性教育、完善的社會安全系統，這些都可以保護孩子遠離性犯罪危險。從現在起，我們應盡力守護小孩，讓他們不要陷入隨機聊天的誘惑當中。

❹ 孩子被視訊裸聊詐騙、勒索、威脅

「孩子哭著向我尋求協助，他說他在網路上認識了一名
網友，還拍攝一段自己的裸體影片給對方，結果對方突
然態度大轉變，對我的小孩說：『你最好乖乖按照我說
的，把你的生殖器和臉部都錄影錄下來傳給我，不然我
就把你先前傳來的照片和影片散布給你家人和好友。』
我聽到當下既擔心又生氣，到底該怎麼做才能將這件事
情圓滿解決？」

　　因網路發達而導致的非法偷拍犯罪「視訊裸聊詐騙」，
目前正成為嚴重的社會問題。所謂視訊裸聊詐騙，指透過視
訊聊天誘導對方露出身體部位，然後再將其偷拍下來，威脅
對方要把這些影片和照片散布給對方的熟人或上傳至網路，
是一種犯罪行為。根據警察廳發表的資料顯示，二〇二〇
年發生的視訊裸聊詐騙案總計有 1824 件，相較於二〇一五
年的 102 件，竟足足增加了 17.8 倍。而視訊裸聊詐騙受害
規模在二〇二〇年達到五十五億韓元，短短三年內增加了六
倍之多，可是視訊裸聊詐騙逮捕率在二〇二〇年竟然只有
26.2%，連續三年都只有 20%上下而已。

視訊裸聊詐騙的過程及危險性

　　根據韓國網路保安協會顯示，國內視訊裸聊詐騙受害者有 90％以上都是男性，其中有 40％是未成年。尤其在 COVID-19 疫情下，暴露在視訊裸聊詐騙等數位性犯罪下的可能性也提高，因為許多課程都改由網路授課，獨自一人待在家裡的時間也變長。

　　現今兒童、少年使用數位電子機器的能力比上一代更為優秀，孩子們非常熟悉在網路空間形成社會關係。犯罪者尤其喜歡引誘這些兒童、青少年的關注與好奇，煽動他們自行拍攝裸體照片或影片，然後再以此威脅，強迫要求提供金錢或色情行為、性行為等，否則就要公開或散布影片。犯罪者往往會在聊天過程中以「聽不太清楚聲音，可以試試看安裝這個檔案」或者「影像畫質太低，改用這款聊天軟體來視訊好了」這些理由來引誘你安裝惡意軟體，然後再透過這些惡意軟體，取得你的親朋好友聯絡方式，藉此展開威脅。

　　就算飽受威脅所苦，多數受害少年也會基於羞愧而想要隱藏受害的事實。犯罪者正是利用這種不安的心理，威脅孩子會把影片最先傳送給家人或熟人。因此，我們不曉得受害者到底是透過何種方式受害，所以更難逮捕嫌犯。

　　更何況，儘管有人受害也因社會偏見而難以報案，這種情況多不勝數，而且數位犯罪的特性上，本來就不容易個別追蹤，受害者往往會因為影片散布威脅而遭受極大損失。再

加上受害兒少都還年紀很小，所以自然是不曉得該如何面對處理，實際上也沒有能力處理。

停止檢討受害者

自從發生「N 號房」性剝削事件以後，有些人會說那些傳送自己身體照片和影片給加害者的十多歲孩子，也同樣有錯，當我看到這些言論時，不禁冷笑了一聲，感到荒謬至極的同時也憤怒不已。如果是觀念正確的大人，孩子做了錯誤行為，應該是先糾正引導，不是嗎？那才是身為大人的義務及責任，但是這些大人不僅沒有正確引導犯罪者，反而還被犯罪利用，等於是辜負了大人的義務與責任。

各位到現在還在檢討受害者嗎？請容許我再重申一次，對孩子進行性剝削的這種犯罪完全是加害者的錯，正因為大人的這種錯誤認知，導致孩子被害時也會先責怪自己、不敢對人說出實情。所以停止檢討受害者吧，有那個時間不如好好守護孩子，盡力預防犯罪。

孩子受害時，該如何面對處理

如同先前強調的，絕對不可以責怪或訓斥小孩。家長要積極幫助小孩，讓他們不再受到二次傷害，也絕對不能答應犯罪者提出的個人要求（例如：個人資料、影像拍攝、金錢），因為愈是配合對方，就愈容易深陷泥沼，我們要將這

點明確告知小孩。

收到威脅簡訊或電話的當下，就要先立刻擷取聊天對話視窗，假如有轉帳匯款明細，就可以先備妥證據資料，馬上到最近的警察局去報案。犯罪者往往會使用好幾個聊天帳號，所以積極報案非常重要。完成報案後，為了防止出現額外損失，可以將智慧型手機初始化，或者把惡意程式（軟體）刪除。

因惡意程式（軟體）導致被駭的資料當中，除了通訊錄以外，可能還包含受害者的個人資料。我們可以告訴小孩，如果是綁定在智慧型手機上的各種帳號，可以先退出後將帳號、密碼等進行變更，然後為了以防遭遇這種犯罪情形，陌生人傳來的檔案很可能夾帶著惡意程式，所以千萬不要隨意點開或下載。

再來要告訴小孩，絕對不可以擅自拍攝自己的身體傳送給別人。小孩絕對需要有專家幫助他們培養辨別力與判斷力，對他們進行性教育，當孩子遭遇性犯罪時，最重要的是能夠坦白向家長說出實情，這樣才能夠有效快速解決問題。因此，平時記得多對孩子說：「爸媽永遠都會站在你這邊，不論你發生任何痛苦事情，都一定要記得告訴我們。」當孩子堅實有力的後盾才行，這樣當孩子遇到問題時才會相信家長，勇於傾訴。平日親子之間的溝通與信賴，就是最佳防範、解決數位惡性犯罪的有力武器。

㊷ 孩子透過網路聊天性騷擾女學生

「我們家國小六年級的兒子居然傳訊息給同校女學生說：『妳胸部好大，好想摸摸看！』於是該名女學生舉報我兒子對她性暴力，甚至召開學校暴力對策自治委員會。我到底該怎麼辦才好，實在毫無頭緒。」

　　如今，老師和家長對於數位性暴力的擔憂，可說是傷透了腦筋，一名國小老師就曾經滿臉愁容地表示：

　　「由於 COVID-19 導致許多課程改以線上方式授課，孩子們在網路上的性玩笑與性暴力也日益嚴重。面對面授課時，我還能親自告誡他們，或者當場處理，但是在網路上連想要這麼做都很困難。每次在聊天室窗上或者授課過程中，發現有同學脫口而出激烈言論時，都會很擔心衍伸成性暴力事件，使我緊張不已。」

　　孩子們因任意使用從網路或社群平臺上學到的錯誤性騷擾、謾罵，而演變成性暴力事件的情形層出不窮。

數位性暴力的增加及原因

　　隨著 COVID-19 疫情導致網路活動增加，孩子們也愈常暴露在性暴力的危險當中。女性家族部在二〇二〇年七月

至十月期間，針對全國國小四年級以上至高中三年級以下的14536 名青少年，展開「二○二○年青少年媒體使用及有害環境實態調查」。在二○一八年的調查中顯示，指稱網路是受害場域的女學生占 24.2%，但是到了二○一九年，該項數據就攀升至 58.4%，增加兩倍以上；男同學的網路性暴力受害比率也從原先的 8.3%，上升至 19.8%，多出兩倍以上。

數位性暴力的受害類型以「透過言語或眼神、肢體動作使人感覺被性汙辱或被欺負」這項最多；「在網路聊天軟體上被跟蹤、性騷擾」占據第二。女性青少年的受害率（2.5%）也比男性青少年（1.2%）來得高。（韓珍珠，「青少年性暴力受害場域第一名：『網路』」，《亞洲經濟》，2021. 3. 23）

那麼，究竟為何孩子們要在網路上做出性暴力行為？性暴力往往是在不把對方當人尊重，而是將對方視為物品時最容易發生；換言之，就是因為缺乏尊重他人的意識，尤其不把女性視為同等的個體，而是將女性視為性的物化，所以容易出現性暴力。所謂「性的物化」是指，為了滿足一己性慾望與歡樂，而無視對方意見，將人作為商品或物品來看待。

往往在聊天、打電玩、群組聊天室等網路世界裡產生性的物化，「某某臉蛋是極品，看她大頭照胸部也滿大，身材有夠火辣。某某簡直就是一頭豬，超級無敵醜。」諸如此類對長相或身材的評論十分猖獗。尤其在網路上因為不需要與人面對面，所以也更容易比平時脫口出帶有刺激性的發言。

然而，這種毫不顧及他人立場，只為滿足一己樂趣、好玩而對人進行的品頭論足，完全是錯誤行為。

而且不只在聊天室裡，甚至就連在網路授課中也會出現性暴力事件。一所國中就曾發生過網路授課過程中，一名男同學用手指比出使人聯想性行為的動作，還說著「做愛！做愛！」於是受到校方懲處。像這樣的情形，在實際教學現場比比皆是。

真心道歉，承諾不會再犯

當自己的小孩犯下這種過錯時，一定要帶著孩子一同向受害者誠心致歉。性暴力不只是身體方面，還包含言語及精神方面，都會對受害者造成傷害，尤其千萬不能抱持著「只是孩子之間鬧著玩的，有什麼關係？孩子還小，這種事情也是情有可原。」這種想法。切記，務必要告訴小孩，即使是一句玩笑話，也很可能會演變成性暴力。

為了讓孩子不再有這種舉動，我們要在家中，就開始檢視孩子的性認知感受力並進行教育，明確告訴他們，不可以透過網路聊天做出帶有性暗示的發言，也不可以對他人造成傷害。然後可以順便推薦小孩接受專家開設的性教育課程，畢竟家長不可能指導得盡善盡美，接受專業教育對孩子來說也會頗具幫助。

專家的教育再搭配家長平日的性教育，雙管齊下，孩

子才不會再犯同樣的錯誤。然後我們也要重新檢視一下，自己在孩子面前的說話方式，檢查自己是否會在下意識評論他人，或者說一些帶有性歧視、性侮辱言語。切記，我們對小孩隨意脫口而出的一句話，很可能會改變孩子的命運。

我一直很尊敬我的偶像——主持人劉在錫，因為從他身上我可以學到許多「人品」與「謙虛」的重要性，尤其他說過的這番話，一直深埋在我心底：

一句話在自己的嘴上只會停留三十秒，但在別人的心中卻會停留三十年。

切記，你的一句話很可能改變另一半、子女的一生。試著回想看看，自己正在對另一半和子女說哪些話吧。至少從今天起，努力在家中做好示範，盡量對孩子說一些能夠成為力量的美麗言語。

㊸ 孩子性騷擾了女同學

「我接到校方通知，說我們家國小三年級的兒子，在學校對女同學有性騷擾。過去他就很常用開玩笑的態度對女同學搭肩或有肢體碰撞，但是，那天據說是玩著玩著就拍了一下女同學的臀部，結果對方一氣之下告到了學校。」

通常孩子之間發生性騷擾事件，家長都會感到不可置信，因為難以承認自己的小孩是加害者。有些家長會用輕描淡寫的態度帶過，「孩子之間只是在鬧著玩的，本來就有可能發生這種事」或者將其視為只是個小玩笑而已，但其實萬萬不可。未經對方同意就擅自拍打別人的臀部，絕對是孩子有錯在先，務必要向對方道歉才行。

與日俱增的同儕性暴力及應對方法

根據光州向日葵中心的資料顯示，未滿十九歲的未成年加害者比例，在二〇〇五年至二〇一四年這十年間是平均 36％，但是在二〇一五年至二〇一九年這五年間大幅增加到 63.6％。而在二〇〇五年至二〇一四年這十年間，整體加害者當中與受害者認識的人占 64.4％，但是在二〇一五年至二〇一九年這五年間也增長至 78.3％。認識的人當中，尤

其以家人、親戚、同儕等，被最親近的人傷害的比例高達 88.8%。

根據二〇一八年教育部發表的「學校暴力對策自治委員會審議現況」顯示，學校暴力對策自治委員會審理的性暴力件數，從二〇一三年的 878 件，到二〇一七年的 3622 件，五年間竟增加約四倍之多。國中生性暴力審議件數在四年內增加了三倍，高中生增加四倍，國小生則從二〇一三年的 130 件到二〇一七年的 936 件，增加七倍之多。

當我的小孩是性暴力加害者時，家長要先有正確認知，才有辦法做出適當的應對處置。只要是接受過性教育、學習過應對處置方法、對性認知感受力高的家長，就會懂得承認錯誤並且積極參與解決問題。

然而，有些家長在得知自己的小孩對其他人性暴力時，會在驚嚇之餘難以做出客觀且合理的判斷。這時要是不先承認孩子犯的錯誤，而是想要隨意帶過或否認的話，情況只會往更糟的方向發展。

其實有件事情，比孩子去摸對方身體特定部位還要來得重要，那便是不可以在未經對方同意下與對方有身體接觸。當孩子犯了這種過錯時，家長務必要和小孩一起拿出誠意向受害者及其父母道歉才行。

首先，要先冷靜觀察受害者與其家長，觀察對方究竟受到多少傷害、開出的條件是什麼等，默默聆聽，致上歉意。

我們要告訴小孩不是只有形式上的道歉，而是要發自內心向對方道歉。

與此同時，為了防止再犯，從在家中就要開始落實尊重身體界線、取得同意的教育，並且對小孩耳提面命，侵犯他人界線或擅自觸摸他人身體是不被允許的行為。

透過「同意教育」尊重對方的感受與判斷

我們不可以在未取得同意的狀態下，擅自觸摸別人的身體，這點是要透過日常生活裡的性教育，不斷提醒小孩的事情。

假如朋友都沒問過你，就直接把你的智慧型手機拿走的話，會是什麼感受？即使對方是你很要好的朋友，我相信心裡一定也會很不是滋味，應該要事先說明自己為何需要借這支手機，且尋求你的同意才對。假設做了充分說明，但你仍不願意，那就還是無法從你這裡借走手機，且必須尊重你的意願才行。

性方面也是同樣的道理，當彼此準備要有肢體接觸時，就得先取得彼此同意，這時，決定權是在對方手上的；而當我們想要與對方有肢體接觸時，事先徵詢對方的意見，問對方：「我可以抱抱你嗎？」是絕對有必要的。

同意教育之所以重要的原因在於，第一，可以幫助小孩培養快速認知危險情形的感知能力，孩子們雖然都知道，身

體不可以給陌生人觸摸，但是如果對方是熟人，就會難以辨別，究竟是純粹疼愛的表現還是性暴力行為，導致難以認知及判斷對方的舉動是否屬於性暴力。

我們從孩子更常被熟人性侵的統計資料就可以看出，孩子們能否認知「徵求同意」極為重要。從小就有被教育要徵求同意的孩子，不論是面對熟人還是陌生人未經同意就觸摸他的身體，都會馬上認知到該情況是不應該的，且馬上展現抗拒，並將此事告知家長。由此可見，同意教育在認知、保護自身界線上是有其必要的。

第二，要受到良好的同意教育，才不會侵犯別人的界線。自幼就很容易被別人侵犯界線的孩子，在侵犯他人界線時，也不會認知到自己有何問題。因此，我們應該從孩子還小的時候，就開始在家中養成，家長要觸摸孩子的身體前先徵求同意的習慣，藉此訓練他們，如此一來，我們的小孩才不會輕易侵犯他人界線或隨意觸摸他人。為了讓孩子懂得保護自己也保護他人，絕對需要安排同意教育。

KBS 電視臺綜藝節目《我的超人爸爸》裡的足球選手朴柱昊（박주호），在孩子面前準備要餵別人的小狗零食前，就有先向狗主人徵詢同意：「可以餵牠吃零食嗎？」所以女兒朴娜恩也會懂得在伸手撫摸小狗前，先詢問狗主人：「我可以摸嗎？」可謂是家長的同意教育指導有方的案例。

可以糾正孩子的錯誤，但不要否定他的存在

千萬不要對犯錯的孩子說：「為什麼要做那種事？我是這樣教你的嗎？」一味生氣責罵或推開。糾正孩子的錯誤是對的，但是不能連孩子的存在也一起否定掉。假如孩子已經處於非常自責的情況了，要是家長還將其推開，就等於是讓孩子獨自站在懸崖邊。孩子也要有道歉的力量，才有辦法做出真正的道歉。

「沒關係，是那個舉動有問題，不是你有問題。透過這次事件，希望你會得到教訓，以後要更進步喔！辛苦了，爸媽也有許多不足之處，但是都會努力幫助你前進。」

世上每個人都會犯錯，只要努力下次不要再犯同樣的失誤就好。家長要先有這樣的認知，才能對孩子進行性教育。

㊹ 孩子偷拍我的身體

> 「國小三年級的兒子平時老是對我的身體很感興趣，有時我洗完澡出來，他還會特別跑來看我的身體。某天，我和兒子一起睡覺的時候，他竟然中途醒來把我的褲子脫去一半，然後再脫掉我的內褲，用智慧型手機對著我的私密處拍攝。請問孩子到底為什麼要做這種舉動呢？當下我真的是害怕死了，感覺天都要塌下來。」

　　現在的孩子，是從嬰幼兒時期就非常熟悉使用智慧型手機，我的姪兒甚至是從三歲起就開始觀看智慧型手機上的影片，也會玩一些簡單的手機遊戲。然而，由於卻乏數位設備禮節教育及受到偏差的性價值觀影響，孩子之間也日漸浮現非法偷拍的問題。

　　首先，「偷拍」這個用詞就不是很精確，正確說法應該是「非法拍攝」才對。因為「偷拍」比較容易讓人聯想到整人節目，或者帶有玩笑、遊戲的性質，反而容易削弱犯罪意識，也容易扭曲數位性犯罪的嚴重性與受害程度。對此，政府目前也是以「非法拍攝」一詞來使用，而非「偷拍」。

　　我們千萬不能心存僥倖，「哎呀，不會啦，我的小孩怎麼可能偷拍我？」這絕對不是只有別人才會遇到的事情，小孩很可能在你不知情的時候，非法拍攝你的身體、睡姿以

及身體部位，將這些影像上傳至網路。目前有關十世代非法拍攝的犯罪行為已日趨嚴重，根據警察廳資料顯示，二〇一九年因非法拍攝嫌疑而逮捕的 5556 人當中，有 1330 人（23.9%）是學生。

「偷拍媽媽」事態嚴峻

在 YouTube 上搜尋「偷拍」兩個字，會出現各式各樣的偷拍影片，大多是暗地裡偷拍路人被捉弄時的反應，內容愈刺激點閱率就越高，問題是在這樣的過程中，影片為了吸引更多人點閱、訂閱，進而拍攝更誇張、帶有性暗示的影片來上傳，其中甚至還有「偷拉女友胸罩、偷摸女友胸部後逃走」等極有可能衍生成性暴力的影片。

所謂「偷拍媽媽」，是指偷偷拍攝媽媽睡覺、洗澡、更衣的模樣，或者是媽媽的臉部、身體部位等。有些小孩會將這些偷偷拍下來的照片或影像，上傳至網路與人共享。只要在 YouTube 上搜尋「偷拍媽媽」就會出現小朋友偷偷拍攝母親的影片。

國小生模仿著那些知名網路直播主先介紹自己，然後再以「今天要給各位看的是我偷拍的媽媽」作為開場，有些影片甚至還會仔細說明「再過幾秒就會出現我媽的內褲了」。更令人驚訝的是，有些小學生還會表明只要訂閱人數到達多少，就會公開媽媽的臀部給大家看。影片底下的留言當中有

些還寫著「媽媽怎麼受驚了？媽媽，給我看妳的 XX」等不堪入目的字眼。

這真的是荒謬到令人無言以對。非法拍攝已經不是親子之間的問題，而明擺是錯誤行為，亦是犯罪，等於不把身為女性的媽媽當作人來看待，是將其視為物品或一種對象而已。因此，趁孩子尚未被錯誤的性價值觀玷汙之前，透過性教育讓孩子養成正確觀念極為重要。

不要認為孩子還小就不追究

發生這種事情時，通常家長都會在驚嚇之餘不知該如何是好，光是孩子偷拍家長身體就令人難以置信、備受打擊。然而，我們身為家長，務必要嚴肅告知小孩，絕對不可以有這種舉動，不論偷拍對象是媽媽還是任何人，都不可以在未經同意下直接拿起手機拍攝對方，這樣是不對的行為。我們不能以孩子還小為由就不去追究，一定要透過性教育明確教育小孩。

「兒子，為什麼要拍媽媽呢？我又沒同意你可以拍我。我現在感覺很差，絕對不可以這樣隨便拿起手機拍別人喔！不只是對媽媽，對其他人也一樣，這真的是非常錯誤的舉動，以後不要再這樣了，知道嗎？」

透過性教育我們要告知小孩身體的珍貴，當然，其他人的身體也同樣珍貴，因為孩子在外很可能也會犯同樣的錯。

既然現在的孩子很容易暴露在非法拍攝犯罪當中，那麼性教育與禮節教育就更為重要。對他人的尊重與禮節，還是從家中由父母開始教育吧。

㊺ 孩子透過網路聊天跟陌生人交往

「我不小心看見了國三兒子手機裡的聊天對話，他和陌生人在互傳『好想妳！喜歡接吻嗎？』等內容，彼此甚至還約了碰面日期。當我在看他們的聊天內容時，心臟跳得好快，覺得好害怕，我該怎麼勸兒子比較好呢？」

　　陌生人透過聊天對孩子們進行「網路性誘拐」的性犯罪案例層出不窮，根據韓國網路性暴力對應中心的「二〇二〇年受害諮詢統計」顯示，每十名網路性誘拐受害者當中，就有八名（78.6％）是十世代青少年，「聊天軟體」則是網路性誘拐的主要管道。聊天軟體的比重二〇一九年顯示為26.8％，二〇二〇年則大幅成長至61.1％。

　　「網路性誘拐」是指加害者操控受害者心理，並使其馴服、習慣的行為，亦即，加害者會藉由得到受害者的好感或發展成穩定關係等，進而從心理面去操控支配對方，然後再對受害者施予性暴力。通常是以兒童和青少年等未成年孩童為對象，先從精神上去洗腦、維持關係，所以許多網路性誘拐受害者，往往不會認知到自己已是性犯罪受害對象的事實。

網路性誘拐的過程及應對處理的困難點

網路性誘拐犯罪者，會透過電玩或聊天軟體等接近我們的小孩，然後一邊稱讚「好帥、好漂亮」，一邊詢問孩子的姓名及就讀學校。像這樣先給予精神上的支持，等互動愈來愈熱絡以後，就會主動邀請一起玩「色情遊戲，奴隸任務」等，將其包裝成好玩的遊戲，遊說小孩提供性剝削的影像。

由此可見，加害者是有計畫性地接近受害者，聊著彼此都感興趣的話題，或者滿足孩子的需求，藉此累積信任，一步一步掌控孩子的心理，然後再一點一滴洗腦受害者，自然而然取得受害者的性剝削影像。爾後，假如受害者察覺異狀想要擺脫，就會勸誘或者威脅、阻止揭發。像這樣在網路空間彼此互動熱絡，等實際見面時，卻變成強制猥褻或性暴力的案例也多不勝數。

網路性誘拐處理起來比較棘手，因為受害者早已被加害者「馴化」，所以不會立刻發現自己受害或者被虐待，加上受害期間通常也比較長。從表面上來看，受害者也很像同意對方與自己有肢體接觸、發生性關係，所以要搜查或處罰都十分困難。因此，大部分網路性誘拐受害者，不太容易認知到自己遭受性剝削的事實，比起一般性犯罪報案率也較低。

網路性誘拐的危險性

網路最可怕的一點在於「匿名」，透過電玩或網路聊天

認識的人，我們可以相信對方就是我認識的那個人嗎？數位性犯罪之所以可怕，是因為每個人都可以躲在匿名制後方，謊稱自己是另外一個人。

一名喜愛打電動的小五男同學，透過智慧型手機和網路上認識的人相談甚歡，經常相約一起打電動。逐漸要好的兩人詢問了彼此的身分，發現對方竟然和自己一樣都是國小五年級。自從發現女同學和自己年齡相同以後，兩人便交換了手機號碼，還會互傳簡訊，變得更加友好。

某天，該名女同學向男同學傳了一張裸體自拍照，男同學嚇了一跳，驚訝地問對方這是什麼，於是女同學回答：「我好看嗎？因為我喜歡你，所以才特別傳給你看。」男同學雖然有些驚訝，但是他早已對該名女同學有了感情。隨即，女同學便對男同學說：「既然我都傳給你了，你也傳給我一張吧，你要是不傳來我們就不是朋友嚕！」於是男同學不得已，也傳了一張裸體自拍照給對方。

不久後，該名女同學便開始向男同學表示想要實際碰面，於是具體詢問男同學就讀哪一間國小、家住哪裡，男同學不疑有他，乖乖作答，沒想到在那之後，女同學就說出了驚人之語。

「好喔，我現在就『導航』過去，等等見！」

原來對方並非真正的女同學，而是謊稱小五女學生的大人。傳給男同學的裸照，其實也是對其他兒童進行性剝削而

取得的照片，所幸在兩人實際碰面前被家長發覺，才立刻報警處理，要是真的前去赴約，誰都難保會發生多麼可怕的事情。而這樣的事情到目前為止都還比比皆是。

家人之間的對話與紐帶關係是最好的預防方法

該怎麼做才能預防網路性誘拐犯罪呢？韓國網路性暴力對應中心建議，可以從社會、家庭、個人三個層面來進行思考。

從社會層面來看，應用程式、社群平臺等，都需要最低限度的監控與規範措施，也需要對大眾進行網路性誘拐防治宣傳。

至於家庭層面，則是以親子關係最為重要，家長和子女平時就要能維持平等對話、溝通無阻，這是最好的預防方法。

最重要的是個人層面，只要十世代青少年對網路性誘拐手法有一定了解、能夠認知出這是犯罪行為，就足以達到極大的預防效果。（趙海秀，「惡魔的私語，網路性誘拐要有正確認知才能有效防止」，《時事期刊》，2021.3.1）

這就和我在這本書裡再三強調的事情一脈相通，唯有家人之間的深厚情誼及平日的良好溝通，才是幫助孩子遠離犯罪的最佳預防方法。家長要先對網路性誘拐犯罪有明確認知，才能與孩子談及此事，並且努力與孩子建立良好穩固的

紐帶關係。

　　先從家長開始對這種事情有認識及了解，當孩子受害時也才能夠做出適當的處理對策。如果一味地把錯怪到孩子身上，或者對孩子發脾氣，都很可能會出現對話斷絕的反效果，這點我們做父母的一定要銘記在心，只要透過性教育告知小孩不要再捲入這種犯罪當中就好。

　　假如難以自行解決，最好向專業機構報案或尋求專家協助，面對突如其來的問題，與其自己焦急草率地解決，不如請專家幫忙會是更為明智的選擇。

第五章

兒子會好奇的
十一個性問題

❹⑥ 陰囊為什麼會鬆弛、收縮？

「老師，男生的陰囊為什麼會鬆弛、收縮？我發現冷的
時候會縮起來，熱的時候又會鬆弛下垂，每次看都覺得
好神奇，也很好奇為什麼會這樣。」

　　陰囊的變化，是為了維持我們的身體健康而產生的正
常現象。陰囊通常被稱作睪丸，是包覆著男性生殖器的一部
分——睪丸的皮膚囊，下垂且帶有皺褶。陰囊位在陰莖下
方，左右兩側的陰囊裡各有一對睪丸與副睪丸，還有一部分
輸精管。陰囊一般來說都會有大小不對稱的現象，表面皮
薄，密布皺紋，如果和女性生殖器做比對，就等於是大陰
唇。

為了調節溫度而鬆弛收縮

　　陰莖與陰囊之所以是外生殖器的原因之一，是為了調節
溫度。陰囊就像個自動溫度調節器，是身體部位當中最屬害
調節溫度的部位。精子一般來說要在低於體溫 2～3 度的溫
度下，才能夠大量生產、活動旺盛，就如同我們要利用冰箱
保存食物，以防食物變質是一樣的道理。

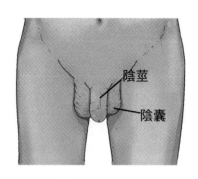

陰莖

陰囊

　為了調節溫度，陰囊會收縮也會鬆弛，在寒冷的冬天或
泡進冷水池裡時，抑或是緊張害怕時，都會收縮成小小的，
十分靠近身體；反之，炎熱夏天或用熱水洗澡時，則會鬆弛
下垂。

　這是為了防止睪丸的溫度升高，而在自律神經調節作用
下所產生的生理現象。睪丸溫度要是太高，生產精子的能力
就會衰弱，因此才會藉由陰囊鬆弛下垂，使表面面積伸展，
進而達到散熱效果，讓陰囊內的溫度降低。

　由此可見，陰囊的肌肉就如同自動溫度調節器一樣，會
自動維持在睪丸生產精子的最適溫度。因此，陰囊收縮或鬆
弛是極為正常的現象。

　為了讓我們的生殖器保持健康，最重要的是要穿著適合
自己的舒適內褲，這對精子的健康也會帶來影響。

　美國哈佛公共衛生學院針對二〇〇七年至二〇一七年麻
省總醫院的不孕中心男性患者 656 人，進行了一項研究，平

時穿著舒適四角褲的男性，其精子濃度比平時穿著緊身內褲的男性高出 25％。

　　因此，在內褲的挑選上，我會建議各位避免穿太緊身的款式，最好挑選通風良好、涼爽舒適的四角內褲。為了擁有健康的精子，讓睪丸保持涼爽是核心關鍵。穿著四角棉質內褲時，身體會更覺得舒服自由。像這樣了解身體構造、妥善管理，是無比重要之事。

㊼ 有個女孩突然說我對她性暴力

「我是目前就讀國二的男學生，某天在學校和同學一起玩遊戲時，不小心碰到女同學的胸部，當時對方臉色一沉，但因為是遊戲中發生的小插曲，所以我沒有太在意，但是幾天後，該名女同學主動聯絡我，對我說：『你當時碰我胸部讓我很不舒服，這算是性暴力吧？為什麼都不向我道歉？』瞬間讓我飽受驚嚇。為什麼事發當下都沒說什麼，事後卻突然說我有錯呢？我覺得好冤枉。」

　　其實站在女同學的立場，是充分有可能這麼做的。雖然男同學會感到錯愕，但是女同學在事發當下感到不舒服，也是千真萬確的事實，我相信她在主動聯絡男同學之前，一定也有經過反覆思考、苦惱許久。

　　在那當下，女同學的確有臉色黯沉，可男同學卻沒有太在意，這其實是不應該的，因為他大可詢問對方怎麼了，最後卻選擇置之不理。如今，反而用責怪女同學為什麼現在才說的口吻來講述這件事情，著實不妥。

　　暴力，可能是在非本人意圖下發生，但並不表示這樣就不屬於暴力。因此，一定要重新向對方道歉才行。

為什麼沒有在當下就表示自己遭受性暴力

「為什麼當時都好好的，到現在才要重提追究？」

這是性暴力受害者在向加害者表明自己遭受性暴力時，最常聽到的一句話。然而，這其實是一種偏見，我們豈能要求所有受害者，都在當下第一時間拒絕或叫對方住手？

我知道有些人可以做到，但畢竟每個人情況不同，有些也可能會因為瞬間太過驚嚇，而身體僵硬或頓時語塞，等到事後再仔細回想，才驚覺自己遭受了性暴力。而且不只女性，就連男性也會如此。

一名喜愛跳舞、有參加學校熱舞社的國一男同學，正在為即將到來的校慶公演做準備。他和一名同社團的國三學姊組成搭檔，只是沒想到一開始都很熱心指導他的學姊，自某一刻起，開始會增加肢體接觸的力道，不只會到處亂摸男同學的身體部位，甚至還大膽把手伸向男同學的臀部，經常以可愛為由揉捏男同學的臉頰。雖然該名男同學有適時表達不喜歡有這些舉動，可學姊卻還是以「只是練舞而已，何必如此敏感」為由，繼續對他上下其手。

當時這名男同學雖然非常不高興，卻還是為了準備公演而選擇隱忍。等到公演結束、事隔一段時間之後，才發覺自己遭受了性暴力，進而鼓起勇氣向學校報案。由此可見，性暴力其實存在著錯綜複雜的情形，受害者是難以立即說出口的。

即使是不小心，也應該向對方道歉

當受害者好不容易開口傾訴自己遭受性暴力的事情時，假如你是以「為什麼之前都沒說？」、「當下就應該要拒絕對方才對啊！既然你也沒明確拒絕，那你自己多少也要負點責任」來責怪受害者的話，這絕對是非常錯誤的舉動，因為就算是遲來的坦白，也是需要極大的勇氣，不論理由為何，說出此事的時間點並不重要。身為受害者，光憑遭受傷害這一點就該受人認可。

即使是在沒有任何意圖不軌的情況下，不小心觸摸到對方的身體部位，使對方感到不適，也應該要「道歉」處理。假設今天在學校或公司電梯裡，因為自己的舉動而不小心撞到了別人的臉好了，那麼，就算不是故意的，理所當然也會主動先向對方道歉。

某天，要是有個人突然跑來說：「你當時撞到我的臉了，害我好痛！」我相信一定也不會有人回答：「那你怎麼當時不說，現在才說呢？既然你當時沒說，那你也要負點責任。」即使不是故意要傷害對方，對方因你而遭受傷害仍是不爭的事實，所以還是要懂得承認錯誤並致上歉意。

性暴力也是同樣的道理，就算不是故意的，只要對方因你而受害，就必須先向對方道歉，這麼做才是正確的。「因為是人對人造成了傷害，所以需要道歉。」切記，愈早道歉愈好，當然，前提是要帶著一顆真誠的心去道歉。

就算自己當下沒發現，也要試著努力去了解。通常只要誠心誠意道歉，大部分都會選擇原諒，讓事情圓滿落幕，其他人不小心傷到自己時也是。

　　道歉，是不分年齡任何人都該具備的資質與態度，這樣的「態度」會影響一個人的人品，最終甚至會左右其人生。倘若有一天，自己對別人不慎造成了傷害，或者有人主動來找你闡述被你傷害的過程，請記得要拿出真心誠意來向對方致歉。

㊽ 自慰會使身體長不高嗎？

「我是一名國中二年級的男學生，想請問老師，自慰真的會讓身體長不高嗎？目前我的自慰頻率是一週大約一次，可是周圍的人都告訴我這樣會長不高，害我有點擔心。」

男性青少年最常問我的問題之一正是「自慰」，其中最常見的提問是「自慰是不是會讓身體長不高」。其實這樣的說法根本是無稽之談。之所以會出現這種擔憂的原因是，有些人認為自慰會導致身體裡的營養流失。

根據泌尿科醫師表示，輕微的自慰行為其實並不會導致身體裡的營養流失，也不會導致成長荷爾蒙變少或消失，應該說自慰行為對於身高發育並不會造成直接影響。

當然，凡事還是過猶不及，假如太過頻繁，處於重要成長階段的青少年，自然是會受到學業及日常生活作息上的干擾及阻礙，要是都在成長荷爾蒙分泌旺盛的深夜裡自慰的話，身高發育的必要條件——睡眠時間就會減少，白天也會容易感到疲倦、無法熟睡等，自然就會變成是阻礙身高發育的要素。

太過刺激的自慰，會導致性功能低下

過度的自慰行為依然在許多學者之間是帶有爭議的一件事。實際上，位於澳洲墨爾本的維多利亞癌症委員會（Cancer Council Victoria），由葛萊姆·吉爾斯（Graham Giles）博士所帶領的研究團隊，在科學雜誌《新科學人》（*New Scientist*）上發表了「射精越多的男人，罹患前列腺癌的機率越低」的研究結果。

反之，英國諾丁漢大學研究團隊於《英國泌尿科期刊》（*BJU International*）上發表的研究結果指出，他們以 840 人（包含已經罹患前列腺癌的六十世代男性）為對象，進行了研究調查，結果顯示年輕時一週自慰二～七次的受試小組，相較於年輕時一個月自慰一次以下的受試小組，邁入六十歲後罹患前列腺癌的機率竟高出了 79％。研究團隊進一步分析解釋，經常自慰會促進男性荷爾蒙分泌，增加的男性荷爾蒙數值，則會提高罹患前列腺癌的風險。

快速且頻繁的自慰容易帶給人心情上的空虛，經常自慰也會引發多巴胺受體減少，在實際性行為中感受無力。假如會擔心性功能低下，最好盡量避免過度刺激的自慰行為。

長高的最佳方法是「均衡飲食、規律運動、充足睡眠」，尤其成長荷爾蒙分泌旺盛的深夜十點至凌晨二點，一定要進入熟睡狀態才行。固定的飲食生活、睡眠作息等，規律的生活節奏正是促進身高順利成長的基本要素。

一週只要二至三次就好

自慰的頻率，只要維持在不影響體力及日常生活的程度，適當進行是無所謂。適當的自慰可以排解青春期過度旺盛的性慾，也可以紓解壓力，緩和緊張。透過自慰達到高潮的話，大腦還會分泌有助於熟睡的催產素和腦內啡。

至於自慰次數的部分則建議一週二至三次，不過這也是因人而異，只要先設定好不會把自己搞太累的程度即可。與其花時間煩惱自慰會不會導致身高長不高，不如用那個時間來自慰後好好睡一覺，相信會是更好的選擇。

㊾ 就是戒不掉色情片

「我是目前就讀國二的男同學，國小四年級時在網路上查資料，不小心看到了色情片，自此之後，我就開始一直搜尋女性胸部、臀部、性愛等關鍵字，還會一邊看影片一邊自慰。最近因為老是想看那些成人片，所以一直尋找更刺激的內容來觀看，也很難靜下心來好好讀書，這樣會不會有問題呢？」

　　許多孩子會沉迷於色情片，甚至看到無法自拔。現在的孩子透過網路隨時都暴露在色情片的風險下，實際見到那些小時候因為看到可怕色情片而受打擊的孩子，他們都會表示那些畫面在腦海裡揮之不去，使他們痛苦不已。一開始看到時還會認為是噁心骯髒的，但是又會想要繼續看，隨著觀看次數增加，也對色情片的刺激愈漸無感，有些人還因為對周遭朋友開黃色笑話或者分享成人片，而衍生出性暴力事件。

　　想到性事或產生性幻想是非常自然的事情，感受到性衝動且有好奇心是人類健康的慾望，所以並非錯誤或需要害羞的事情。性是在愛情、生命、喜悅中形成調和，使我們的人生變得珍貴美麗。

　　然而，出現在色情片裡的性會徹底排除、踐踏所有珍貴的價值觀，將其呈現成純屬肉體、戲弄式的刺激與發洩，找

不到一絲一毫對人類與生命的尊重。最重要的是,色情片會一點一滴蠶食鯨吞自己。所有問題的解決方法,都是從能夠正確認知問題開始,因此,孩子們也要先正確了解「色情片為什麼有問題」,再去盡力克服。

色情片的問題點
對於身體、精神上的健康都會帶來不良影響

觀看色情片時,多巴胺這項快樂補償中樞會在大腦裡如洪水般湧現。當這樣的行為反覆出現,多巴胺受體也會增加,使人想要得到更多的多巴胺與快感。這時,學業與工作執行力會下降,專注力與認知能力也會低下。

英國劍橋大學研究團隊曾拍攝過色情片成癮的學生大腦,當色情影像一開始播放,大腦出現活躍反映的部位即是處理補償、刺激、快樂的區塊,恰巧和毒品或酒精成癮會出現反應的部位一致,等於會做出更多尋找性相關資料或觀看的行為。大腦補償迴路要是不能夠正常運作,就無法靠日常刺激得到滿足,亦即,變成性成癮的意思。

看愈多色情片,判斷力就愈差,節制力也會下滑,然後又再度沉迷於這些影片,陷入一種惡性循環。假如對一般色情片已逐漸無感,那麼接下來就會尋找更刺激的影片(近親相姦、強姦、人畜交配等),與此同時,控制自己的能力也會下降。色情片不僅會引發憂鬱症、疲倦無力等心理上的問

題，還會造成勃起不全、性功能低下等生理上的問題。

會提高攻擊性

經實驗證實，觀看色情片的確會使人攻擊性提高。全南大學心理系尹加炫（윤가현）教授的研究團隊在 EBS《記錄 Prime》「孩子的私生活 2」（〈다큐프라임〉'아이의 사생활 Ⅱ'）裡，和製作單位一起進行了一場「色情片與攻擊性的關聯性實驗」，結果證實，色情片的確比其他影片更容易使人產生攻擊傾向。

該項實驗是將一百二十名男大生分成三個小組，分別讓他們收看紀錄片、一般色情片與暴力色情片十五分鐘，然後再讓他們透過射飛鏢來進行攻擊性測試。攻擊性判斷是從人像和物品的標靶當中查看射中人像標靶的頻率，並進行分析，實驗結果顯示，觀看大自然紀錄片的小組，射向人像標靶的平均次數是 0.3 次，觀看一般色情片的小組是 1.4 次，觀看暴力色情片的小組則是 2.4 次，等於收看暴力色情片小組比收看大自然紀錄片小組的攻擊性，高出八倍之多，尤其對女性標靶的攻擊性明顯更高。

色情片成癮很容易演變成犯罪

實際上就有人是因色情片成癮而成為犯罪份子，就好比和當初開設 Telegram 「N 號房」的 godgod 一起製作、散布

性剝削影片且性侵受害者的「安丞晉」。安丞晉自二〇一五年三月起至二〇一六年三月止，透過社群平臺接近約十名未成年少女並取得裸體影像，然後再以此威脅受害者，製作了兒童性剝削影片。除此之外，還於二〇一五年四月威脅一名當時年僅十二歲、透過社交軟體認識的女童，將其強暴。

當媒體記者追問他為什麼要犯下這起案件時，他表示自己只是出於對性的好奇，以及「色情片成癮」。後來警方表示，截至目前為止，安丞晉並未透過犯罪行為賺取任何犯罪所得，等於真的是純粹因為錯誤的性好奇與色情片成癮，而犯下這些惡行。

從生活模式開始改變

最大的問題是，無法解決問題的人根本不曉得哪裡有問題，假如已經知道色情片的問題點，也了解色情片會對我們帶來哪些影響的話，接下來就要想盡辦法努力戒掉這項習慣。

當你想要擺脫色情片成癮時，最先該做的事情就是「改變生活模式」。70%～80%以上的成癮，是來自於日常性的習慣與重複動作，使身體自然習得這項模式，就好比早上起床後、吃完飯後、下班後、休息時都會想要抽根菸一樣。

首先，讓自己不要置身在有色情片露出的環境當中，最近都是透過網路直播收看色情片，所以如果有經常造訪的色

情網站，請先將其封鎖刪除。假如睡前很想看這些影片，就要養成關掉電腦就馬上去睡覺的習慣。還有，許多人會借助色情片來自慰，這項習慣也要有所改變，讓自己盡量在自慰時不看色情影片才行。

雖然一開始會很難適應，但是隨著生活模式逐一改變，一定會改善。戒掉這種成癮的最佳方法，就是與人見面對話，互相交流，或者從事運動或戶外活動等，一定要與人互動才行。假如不論用任何方法都不見好轉的話，洽詢醫院或性教育機構，尋找專業人士協助，接受教育或諮商亦可。

就算無法立刻戒除，也請不要自責，因為就像有菸癮和酒癮的人，很難瞬間戒菸戒酒一樣，色情片成癮也是同樣的道理。雖然可能會需要花一段時間才有辦法戒掉，但是只要每天實踐一點點，累積起來就會有明顯進步。最重要的是，觀看這種色情片屬於違法行為，從現在起，至少要有色情片會啃食摧毀自己的認知。

⑤ 性經驗豐富的女生，生殖器或乳頭顏色會改變嗎？

「我聽說女生性經驗豐富的話，生殖器會鬆弛、私密處和乳頭的顏色也會變深，真的是這樣嗎？我甚至聽朋友說過，性經驗豐富的女生是『破麻』。」

　　許多人對於女性生殖器或乳頭的顏色有著很深的誤會，尤其坊間也會謠傳性經驗豐富的女生，生殖器或乳頭顏色會改變、鬆弛，因此，在發生性關係時，假如發現該名女性的這些私密處色澤較深或不夠緊實，就會認定對方一定是有過豐富的性經驗，然而這認知絕對是天大的錯誤。

色素沉澱是因荷爾蒙和黑色素導致

　　生殖器的顏色和形狀，與性行為次數毫無相關。就如同每個人的長相和肌膚顏色都不盡相同一樣，乳頭和生殖器的顏色同樣也是因人而異。首先，乳頭的大小或顏色是受荷爾蒙的影響，名為雌激素的女性荷爾蒙，會促進女性生殖器與乳房發育，也會使乳頭變大、色澤加深。

　　肌膚的黑色素同樣也會影響肌膚顏色變暗，愈是荷爾蒙分泌旺盛或天生黑色素較多的人，生殖器的顏色往往也會比

較深。不論男孩女孩，小時候這些私密部位都是呈現比較淡的顏色，但是隨著身體發育，黑色素沉澱會逐漸導致生殖器黑化，在這樣的過程中，有些人的色素沉澱會較為嚴重。

問題在於光憑色素沉澱或生殖器形狀，就斷定或懷疑對方性經驗豐富，這是極為幼稚又愚蠢的想法。尤其男性不應該以色情片裡，女主角刻意營造的粉紅色生殖器為標準來做判斷，就好比拿影片中男主角又大又長、直挺挺的生殖器來與自己的做比較一樣。

從以前到現在，我一直很討厭一句話：「男生性經驗豐富是高手，女生性經驗豐富是破麻。」也就是說，男生性經驗豐富是值得拿來炫耀的事情，女生性經驗豐富卻被認為是水性楊花、私生活淫亂，用相對負面的眼光去看待。之所以會出現這種說詞，是因為女性並沒有被以同等個體對待，而且不尊重女性。

正因為社會大眾至今仍存有這些迷思和偏見，所以只要在網路上搜尋關鍵字「小陰脣」，就會出現一大堆的整形廣告，各家醫院診所都在相繼宣傳，可以幫不對稱或鬆弛的小陰脣進行修整手術，變得更為精緻美麗。這樣看來，現在儼然已是就連生殖器都能整形的時代。

尊重既有的樣子

不過各位請別誤會，我並不反對小陰脣手術，因為對

於一些陰脣過度鬆弛導致摩擦疼痛的人來說，這的確是一項必要手術，假如陰脣鬆弛或不對襯，使得性行為時會疼痛、影響衛生，那就需要考慮手術，但果是純粹因為社會或他人眼光而進行手術，這種就需要被適度制止。如果不是出於已願，請務必要審慎考慮。

女性生殖器的理想形狀或標準美是不存在的，就好比我們的長相、肌膚顏色都不盡相同，生殖器的形狀也是百百種，任何人的生殖器模樣都是正常且完整的，我們不應該針對其外觀多做評論，而是要懂得尊重其既有模樣才對。

(51) 實在太想做愛

「我是目前就讀高二的男學生，有女朋友了，但是真的好想和她做愛。雖然單純牽手也不錯，但有的時候真的會非常想和她摟摟抱抱、接吻、做愛。我覺得自己有這種邪念好噁心，該怎麼辦才好？」

想要和心愛的對象牽手、擁抱、親吻、做愛是非常自然的心理，不需要認為自己很噁心，或者將其視為錯誤行為。因為愈是有這種否定自我的想法，認為自己是骯髒齷齪的，就愈會覺得矛盾掙扎。性愛可能是令人期待的事情；也很可能是既危險又令人擔心的事情。因此，與人發生性關係前，務必先想清楚，做好萬全準備才行。

我們試想一對情侶準備要騎協力車，首先一定會詢問對方有無意願一起騎協力車，取得對方同意才行，雖然騎協力車是一件有趣、令人期待的事情，但是事前一定要熟知安全守則，彼此也要同心協力有默契，才不會發生意外事故。

光靠一個人奮力踩踏或突然急踩剎車的話，會發生什麼事呢？不是跌倒就是出事，而且不只是自己，就連一同騎車的夥伴也會危險受傷。同樣的，與人發生性行為也一樣，雙方一定要做好充分的心理準備，檢查能否安全執行才行。

我們會根據如何調節控制好自己的性慾，決定站在人生當中哪一條重大的分岔路口。發生性行為前，不妨先問自己以下幾個問題，並且熟記這些內容。

我能否為性行為後的結果負責？

如果是純粹基於「喜歡」或「為了排解性慾」而與人發生性行為的話，是極其危險的想法，因為性行為並非一個人的事情，而是雙方的互動行為，後續的懷孕、性病等龐大責任也會伴隨而來。因此，在做這件事之前，請務必仔細想清楚自己為什麼、要和誰、如何發生性行為，然後彼此究竟能否為後續不慎帶來的結果充分負起責任，這些都是要經過審慎考慮的問題。

彼此真正要的是什麼？「同意與共識」

「同意與共識」——雖然這是再理所當然不過的事情，但也往往是大家未經深思熟慮就跳過的問題，一定要先想清楚雙方對於做愛這件事是否積極同意才行。性行為務必要具備同意與共識兩項前提才可以進行，性方面的同意要超越「No means No」，往「Only Yes means Yes」方向邁進。通常看連續劇裡的橋段，都會出現男主角粗魯地一把摟住女主角，試圖強吻，而女主角往往一開始會展現抗拒，最終卻還是會選擇接受，但其實這種演出很容易讓人養成錯誤的性認

知。

切記，對方的拒絕並非口是心非，而是真的不要，然後 Yes 一定要是「現在的 Yes」才算數，過去就算與對方有過接吻、做愛的行為，只要此時此刻對方表示不願意，就不可以強求。最重要的是，不只要確認對方明示的「Yes」，還要能敏銳地讀出對方未表達的「No」。「同意」是來自於與對方不斷溝通確認，沉默絕對不代表默認，務必謹記在心──未取得同意的性行為是「性暴力」。

是否以安全為第一？「避孕與身體檢查」

發生性關係前，做好避孕措施與身體檢查，是絕對不該忽略的必要事項。單憑一次性關係也很可能會不小心染上性病或懷孕，打算使用保險套還是口服避孕藥，抑或是雙管齊下等，都需要經過雙方事先溝通決定才行。

不只避孕措施要做好，最好還要和對方一起到醫院進行「性健康檢查」，因為光看外表是看不出來是否感染性病，一定要到醫院檢查才能夠確保安全。這不只是青少年，就連成年人也一樣，要是性行為前沒有做好這些萬全準備，就不宜輕舉妄動。在性愛這件事情上，沒有什麼是比安全更重要的。

性愛要謹慎

為了滿足一時衝動而性愛很危險，性行為前一定要先有充分對話，且對彼此的身體具備知識才行。我每次都會在演講中強調，務必要確認彼此的性愛是否存在三大要素——愛情、生命、喜悅。換言之，是否全心全意愛著彼此、是否尊重生命、在這段關係中是否存在喜悅。

從身體和心靈上的準備開始，直到同意、共識、避孕、檢查等階段，都需要深入思考是否確定願意和對方發生關係。千萬不要被當下情況或氛圍迷惑，而是要以這些標準來審慎評估過後再採取行動。假如彼此都承擔不起責任，那麼打從一開始就不應該發生性行為，就好比在準備重要考試或面試一樣，希望各位在做這件事情之前，都能夠徹底經過一番深思熟慮。

52 女生初次做愛都一定會流血嗎？

「您好，我是一名好奇心旺盛的男高中生，透過網路搜尋資料得知，原來女性初次發生性行為會使處女膜破裂，導致流血，朋友們也說可以透過這件事來確認對方是不是處女，請問這是真的嗎？」

關於性的謠言實在是多不勝數，那些無稽之談迫使女性在性方面更為壓抑、不自由，其中之一便是關於處女膜的傳說。普遍大眾都認為女生如果是第一次發生性關係，處女膜就會因破裂而導致流血。

初次做愛時流血的機率是多少？

雖然一般都稱處女膜，但其實正確名稱應為「陰道冠」，因為就連處女膜這樣的稱呼本身都是錯誤的表達方式。處女膜是帶有男性支配意識的單字，在過去是處女的象徵或貞操的標誌，單方面要求女性就應該是處女。處女一詞等於強行剝奪了女性的性慾與身體所有權，單字本身就帶有侵害人權的意味。

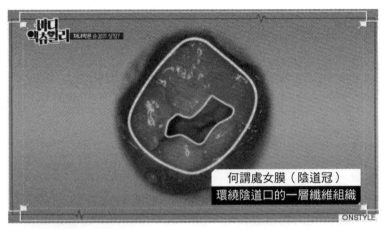

何謂處女膜（陰道冠）
環繞陰道口的一層纖維組織

ONSTYLE

處女膜是純潔的象徵？
出處：《Body Actually》，OnStyle 電視臺。

　　陰道冠是一層覆蓋在部分陰道口、柔軟且具彈性的組織，位於陰道前端，是外生殖器與內生殖器的分界。從斷面來看，有點像環繞陰道口一圈的樣子。

　　所以它實際上的樣子並不像「處女膜」三個字給人的印象，彷彿有一層薄膜或者會被什麼東西捅破等，否則女生每個月生理期是怎麼流出經血的？這層組織甚至幾乎沒有什麼功能，每個人的陰道冠厚度及形狀都不盡相同，有些人的確會因從事有氧運動、騎腳踏車、做瑜伽等導致陰道冠破裂。

　　根據新聞報導顯示，有些人天生沒有陰道冠，或者只有開一個非常小的孔洞；有些人甚至是呈閉鎖狀態。（尹靜

元，「不是處女膜，是陰道冠」，《時事 In》，2017. 8. 31）將手指插入陰道冠時可能會導致撕裂或鬆弛，不過也有被男性生殖器插入後並沒有造成撕裂的情形，有些則是撕裂後又再度癒合。根據研究結果顯示，在初次發生性行為時有流血的女性竟不到 50%。

好好專注於心愛的人

在此，我有個問題想問大家，先撇開處女膜的爭議不談，當你好不容易遇到一位真心相愛的人，那麼對方是否有發生過性關係真的很重要嗎？沒有人會好奇男人是不是處男，甚至還會認為性經驗愈豐富就表示能力愈好，可是女人卻恰好相反，有些人甚至會為了證明自己是處女而進行陰道冠重建手術。

其實不論談戀愛對象是誰，光是好好專注於自己心愛的人都來不及了，不如先暫時擱下那些奇怪傳言，全神專注於眼前這個人就好。這便是為什麼需要正確認識並學習性知識的原因。

㊾ 光是接吻也會被傳染性病嗎？

「我在學校上了性教育課程，老師說如果發生性行為時沒有做好安全措施，就有可能感染性病，這使我不禁好奇，假如只有接吻沒有發生性關係，也有可能染上性病嗎？」

　　光憑接吻充分有感染性病可能性，因為性病不只透過性行為傳染，即使沒有性器官之間的直接接觸，也有可能染上性病。

　　我們會透過性行為、接吻、肢體接觸、口交等染上性病，只要直接或間接接觸到存在性病菌的體液（唾液、陰道分泌物、精液等），感染性病的風險就會增大。

因接吻而得到的性病（出處：100%健康研究所）

　　就算只是接吻也會感染的性病有：生殖器疱疹、梅毒、HPV（人類乳突病毒）及愛滋。

生殖器疱疹

　　生殖器疱疹是由單純疱疹病毒（HSV）所引起，如果接觸到因感染此款病毒所產生的水泡和潰瘍，就會被傳染。

單純疱疹病毒有兩種，分別為單純疱疹病毒第一型（HSV-1）和第二型（HSV-2），前者是會造成唇周感染，後者則是造成生殖器周遭感染。但是只要口交就會造成口腔與生殖器交叉感染，所以這樣的區分是無意義的，光憑接吻也可能同時染上第一型和第二型，這款病毒會引發該部位產生水泡、發炎、疼痛，雖然會給人不適感和不悅感，但不至於帶來致命性的影響，也不屬於會奪走性命的可怕性病。

　　不過，值得注意的是，此款病毒還無法靠現代醫學根治，醫院針對此病毒使用的抗病毒劑，只能治療因病毒所引發的發炎與水泡等症狀，而且只要得過一次，病毒就會終生殘留體內，一輩子都要擔心復發問題，因此，最好要小心避免感染到疱疹病毒。

梅毒

　　梅毒在感染初期階段，會在生殖器、口腔等黏膜處出現無痛的潰瘍或紅疹，不過光是這個階段就具有非常強的傳染力，和疱疹一樣只要接觸到發炎部位就會被感染。假如感染者患有口腔梅毒，那麼光憑接吻就足以染上梅毒。

　　梅毒是屬於相對容易治療的性病，醫生只要使用抗生素即可，且梅毒感染者不多，所以也毋需太過擔心。但是假如初期症狀已持續出現六週以上，卻沒有接受治療的話，就很可能會發展成第二期梅毒。

第二期梅毒會出現和流感類似的症狀，或者全身肌膚起紅疹、掉髮等。我們不能因為症狀消失就認為已經自然痊癒，梅毒病菌會潛伏在人體數年，等哪天要是發展成第三期梅毒，就有可能導致雙眼失明、全身麻痺、顏面癱瘓、心臟疾病、神經受損，甚至是死亡。

HPV（人類乳突病毒）

HPV 是一種高傳染力性病，因為光靠感染部位的肌膚接觸就足以傳染，所以只要和擁有 HPV 病毒的人接吻就會被傳染。HPV 的種類繁多，總共超過兩百種，大部分即使遭受感染也只會長病毒疣，並無危險性。就算治療後仍無法馬上根除病毒，只要在約莫兩年內便會遭人體免疫系統自動清除。

然而，屬於高危險群的 HPV 容易在人體內發展成癌症，所以要多加注意。HPV 會在女性肛門、子宮頸、陰道，男性陰莖、肛門引發癌症，而且透過接吻導致口腔感染的高危險 HPV，也可能引發咽喉癌或大腦腫瘤，務必要嚴加小心。接種 HPV 疫苗會有助於預防這種病毒感染。

愛滋（後天免疫缺乏症候群）

愛滋是因為感染 HIV 病毒導致的疾病。該病毒會攻擊人體免疫系統，使身體變得虛弱無力，並透過體液（血液、

精液、陰道分泌液、母乳）等作為媒介傳染。順帶一提，並不是感染 HIV 病毒就一定會成為愛滋病患者，因為只要管理得宜，就可以避免演變成愛滋病。

不過光憑親吻嘴唇不可能傳染愛滋病毒，除非口腔內有傷口、發炎時，如果有接吻行為就會有感染風險。

性病，妥善預防妥善治療（出處：醫學專業專欄《HiDoc》）

若要預防性病，平時就要多注意衛生問題，將生殖器部位清潔乾淨，做愛時也務必要使用保險套，最好維持單一性伴侶，避免同時和多名對象發生關係，也要盡量避免和高危險對象發生性關係。

許多人即使罹患性病也不會有所察覺，但是假如生殖器腫大、疼痛、潰瘍、長水疱、長病毒疣、搔癢等，或者下腹部、排尿時疼痛，出現不尋常分泌物（顏色、味道等改變）的話，就會建議到醫院接受治療。

假如生殖器有出現傷口或潰瘍，就要在傷口痊癒前避免與人發生性行為，當你懷疑自己患有性病或者正在接受性病治療的話，同樣也要避免與人發生關係。倘若性愛對象有罹患性病的疑慮，就要和對方一同去找醫師檢查、接受治療。

持續管理是最好的預防方法

預防性病的方法其實非常簡單明瞭，就是直接阻斷感

染途徑，尤其只要感染者和未被感染者保持距離，避免與其他人士有所接觸即可。有時我們會遇見四處炫耀自己閱人無數、性經驗豐富的人，但其實這種人就等於是在大肆宣傳自己是性病的溫床，看在專家眼裡只顯得愚昧無知。

假如目前有性伴侶的話，建議一定要定期到醫院接受檢查。當你懷疑自己有染病時，也要立刻前往醫院。性病是具有高傳染力、復發率高的疾病，所幸初期只要透過治療就可以使症狀趨緩或痊癒。如果認識了新對象，請記得務必先去醫院接受性病檢查，這是為自己也為心愛的人該有的基本禮貌。

54 女朋友老是想和我做愛，該怎麼辦才好？

「我是一名高中生，和女朋友交往超過一百天了，不過最近她老是會想和我發生性關係，要是我婉拒，她就會不斷強調很喜歡和我有肢體接觸，並質問我是不是不愛她了，還會對我發脾氣，不明白我到底為何猶豫不決。我其實有點擔心我們的關係會不會因為這件事而出現裂痕，像這種情形我該怎麼處理會比較好呢？」

　　我看過太多情侶起爭執是因肢體接觸問題和性關係問題，大部分都是因為其中一方一直想要有性關係而大吵，甚至分手。有時會遇到有人將性慾拿來比作食慾，認為都是難以控制的慾望，但其實這都是一派胡言。「食慾」是直接攸關「生死存亡」的議題，根本不能和性慾相提並論，而且就算再餓，也不會隨意竊取食物來果腹。人是絕對可以控制、忍耐性慾，況且強忍性慾又不會對身體造成多大問題。

　　性關係不是單方面的事情，而是雙方達到身心交流的行為，性關係裡帶有「關係」兩個字，關係是指人與人在某方面或某個領域有關聯的意思，關係是不可能單靠一個人達成，因此絕對強求不來。

為什麼性關係不能只是單方面同意

有些人會因為擔心情侶關係破裂或受影響，而委屈自己忍受不願意的性行為。一般來說，愈是身心不自由且不以自己為主體的人，愈容易被別人牽著鼻子走。然而，如果同意了單方面要求的性關係，會出現什麼結果？

答案是儘管發生關係也很難專注於過程，不僅無法享受其中，事後還會徒留後悔。嚴格來說，這就好比是被對方進行身體上、精神上的暴力虐待。如果與另一半沒有充分溝通或達成圓滿共識的情況下，一味強求對方滿足自己的性慾，這是絕對錯誤的行為。

建議各位最好再仔細思考看看，在自己不喜歡的場所、時間點發生性關係，究竟會不會開心？假如只是為了滿足對方需求、完全不是自己喜歡的方式，發生了性關係，那將會是一件痛苦的事情。倘若發現兩人在這方面的價值觀不契合，那麼還是奉勸兩人好聚好散會比較好，因為要是一方為了避免起衝突而選擇對問題視而不見的話，日後一定會後悔萬分。

假如情侶當中的一方是用服務奉獻的精神與對方發生性關係，那絕對是一項危險舉動！如果想要讓彼此都能在性行為中滿意且舒服，一定要在雙方都想要時取得共識，自由掌控開始與結束才行。

真心尊重彼此的身體

在戀人關係裡，為能達到親密溝通與交流，必然會有肢體接觸和性關係的需求。然而，肢體接觸和性慾不能只有單方面想要。發生性關係時，請記得確認自己是否真心想要，還是只是為了迎合對方。如果沒有自己的原則，就很容易被對方操控，勉強自己接受不是很想要的性關係。尤其青少年時期更要小心謹慎。

最重要的是，一定要領悟到「我才是身體的主人」這事實，只有我自己可以完全享有我的身體，任何人都不可以控制我的身體。我的身體比對方的心情重要太多，如果不想發生性關係，拒絕就好。假如對方會強求，那麼絕對要選擇分手，狠狠甩掉對方。

一定要在彼此真心想要且達成共識下才發生性關係。性關係是貫穿人生的重要問題，設定好屬於自己的明確標準，謹慎決定，小心行事，千萬不要為了他人犧牲自己。

55 生理期的時候做愛，就不會懷孕嗎？

「生理期來的時候，沒有做避孕措施就發生性行為了，
請問這樣是否就不會懷孕呢？」

　　選在經期發生性關係，就不會懷孕嗎？那可未必。世界上並不存在 100％的避孕，就算只有 1％的機率中獎，只要自己不幸剛好是那 1％，就等於是 100％。

　　順帶一提，過去大家一直都把月經稱之為「生理期」，除了「生理期」以外還有「那天」、「大姨媽」、「那個來」等各種含糊不清的表達方式，因為大家會把月經視為是害羞或需要隱藏的東西，但是與其用這種不明確的方式表達，不如用「月經」才是最正確的用詞。

月經時做愛還是會受孕

　　一般來說，精子在女性體內會存活三天至五天左右，女性的卵子則存活約莫一天至二天，從下一次經期預定日向前推算十四天就是女性排卵日，排卵日的前後三天至四天左右發生性關係的話，就很可能是在精子和卵子都還存活的狀態下相遇結合，倘若受精成功，就會懷孕。因此，排卵日前後

發生性關係，懷孕的機率就會比較大。

| 受孕期計算法 |

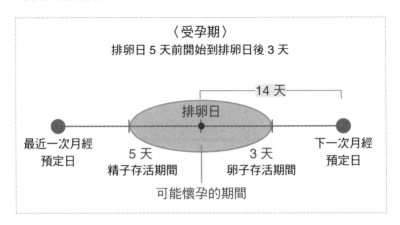

〈受孕期〉
排卵日 5 天前開始到排卵日後 3 天

14 天

排卵日

最近一次月經　　　　5 天　　　　　3 天　　　　下一次月經
預定日　　　精子存活期間　　卵子存活期間　　　　預定日

可能懷孕的期間

出處：Sarangi 女性醫院

　　女性月經通常是以二十八天為週期，但也有每十五天或
三十五天來一次，經期非常不規律的女性。假如經期不規律
的女性與健康的精子相遇，那麼月經期間也很可能受孕。要
先了解這樣的事實，才有辦法設定避孕計畫。

　　月經期間發生性關係，不僅有懷孕風險，還有細菌感染
風險。根據婦產科醫師表示，月經期間隨著子宮內膜脫落，
陰道內部會變得脆弱，就算只是接觸到些微刺激，也很容易
出現傷口，等於很容易引發細菌感染。由於正巧是陰道壁變
薄、子宮頸微開的時候，所以要是有外部病毒入侵體內，就

會不堪一擊，不只是性關係對象的細菌，包括自己體內的大腸菌、陰道炎細菌等都很容易引起發炎。為了避免懷孕或細菌感染，務必要使用保險套或避孕藥來避孕。

| 口服避孕藥服用示範 |

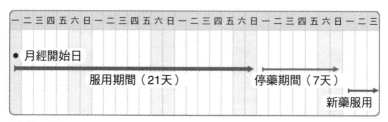

出處：Mercilon

避孕藥的種類

避孕藥有分兩種，事前避孕藥（複方口服避孕藥）和事後避孕藥（緊急避孕藥）。

事前避孕藥（複方口服避孕藥）

這種避孕藥含有兩種可以使女性來月經、懷孕的荷爾蒙成分——雌激素和黃體素，能夠有效調節女性的排卵和經期，進而達到避孕。

避孕藥的服用方法很重要，假如想要下個月避孕，那麼就要從這個月的經期起始日算五天內開始每天服用一粒藥

丸，一般來說，原則上是連續服用二十一天以後，就會進入七天的停藥期，而月經就會在這段停藥期的時候來臨。

假如服藥期間有一天忘記吃藥，就必須在十二小時內服用兩粒，假如忘記兩天以上，就會提高避孕失敗率。等服用完整個週期的避孕藥以後，過不久月經就會馬上到來。

避孕藥不僅可以防止懷孕，還能減緩經痛、調節不規律的月經週期。除此之外，避孕藥能減少經血量，所以也可預防長期因月經量過多所導致的缺鐵性貧血。然而，它也有副作用，尤其對於三十五歲以上吸菸者來說更是危險，因為吸菸會提高口服避孕藥所引發的血栓等心血管副作用風險，而這種危險在三十五歲以上女性身上更為顯著，因此，最好要與醫師或藥師進行過充分諮詢再服用。

事後避孕藥（緊急避孕藥）

顧名思義，這是發生完性關係之後，為了避孕而服用的藥物。由於是服下大量的女性荷爾蒙，所以會阻止卵子和精子相遇結合成受精卵，使其無法順利著床。有別於事前避孕藥，無法在藥局裡自行購買，必須透過醫生開立處方箋才能取得事後避孕藥。

緊急避孕藥要在發生關係後盡快服用才會有效，因為隨著時間流逝，避孕成功率也會下降。通常是建議發生性關係後十二小時內服用。根據統計，事後二十四小時內服用，避

孕成功率為 95％；事後四十八小時內服用，避孕成功率則下降至 85％，整整降低 10％；事後七十二小時內服用，避孕成功率只剩下 58％。

緊急避孕藥比一般避孕藥的荷爾蒙含量高達十倍以上，所以會使體內荷爾蒙濃度短時間內突然暴增，防止受精卵著床。也會直接影響女性的月經週期，除此之外，還有可能引發血崩、排卵障礙等副作用。由於是服用高劑量荷爾蒙，所以絕對不能頻繁使用，僅限於緊急情況才可使用，千萬不可拿來當成常態避孕藥。

月經期間，最好避免發生性關係，假如真的不得已，也請記得務必要全程戴好保險套。

56 發生性關係後，
女朋友的月經就不來了

「不久前，我和女朋友有了性行為，當時我沒有戴保險套，但是有體外射精，女朋友最近剛好是月經該來的時候，卻過了一星期都遲遲沒有動靜，請問這是不是懷孕了呢？我好焦慮。」

　　我經常會收到青少年的懷孕諮詢，透過聊天軟體上的字字句句，可以實際感受到他們焦慮與不安。假如女朋友的月經遲遲不來，先不要太過擔心，因為月經遲來的原因百百種，我相信光是知道有哪些原因會影響經期，就能多少減低一些不安感。等安撫好焦慮之後，再冷靜面對即可。

女性月經遲來的原因
壓力和不規律的作息
　　引發月經不順的原因之一是壓力過大，如果飲食習慣改變或體重驟變，也會造成月經不順。尤其十幾歲年輕女孩的荷爾蒙分泌還不穩定，所以可能會導致月經週期不規律。假如發生性行為後老是苦惱著「要是月經不來怎麼辦？」、「要是不小心懷孕怎麼辦？」沉浸在極度焦慮的狀態裡、承

受著極大壓力的話，月經自然有可能會遲來，因為身體的荷爾蒙，會被這種無形的壓力和焦慮打亂。

子宮疾病

假如患有多囊性卵巢症候群或子宮內膜異位症等子宮相關疾病，月經週期就會比較不穩定。平時如果經痛問題非常嚴重，或者一年內月經來不到八次，或是月經週期為三十五天以上，或者三個月以上沒有月經的話，就要透過超音波進一步檢查子宮有無異常。這些問題都有可能導致月經遲來，所以及早發現、及早治療最好。

可能懷孕

女性一旦懷孕就不會來月經，假如發生性關係之後月經還遲遲不來，就要確認看看是否懷孕。尤其如果是在排卵日（月經結束後兩週）當天發生性行為，或者沒戴保險套的話，就要認真懷疑可能是懷孕。其實一年三百六十五天都有懷孕的風險。

只要有發生性關係，就無法排除懷孕的可能，懷孕與否不是出自本人的主觀感受，而是要透過尿液、抽血、超音波等客觀檢驗方式才有辦法確認。假如想要簡單檢驗自己有無懷孕，可以選擇購買驗孕棒來使用。

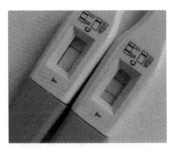

驗孕棒一條線代表沒懷孕；
兩條線代表已懷孕。

使用驗孕棒

　　如果懷疑自己懷孕，可以自行購買驗孕棒或到醫院檢
查確認。驗孕棒不只在藥局有販售，就連在便利商店也可購
買。檢測懷孕與否，是在發生關係後約莫兩週後的早上，用
起床第一泡尿檢測最為準確，因為早晨是懷孕荷爾蒙濃度最
高的時候。

　　驗孕棒的優點，是可以趁還沒去婦產科前就先確認有無
懷孕，馬上就能得知驗孕結果，但是如果尿液裡的懷孕荷爾
蒙濃度太低，或者尚處懷孕前期，驗孕棒可能會驗不出來。
如果是這種情形，就要在月經預定日當天重新再驗一次，或
者也可到鄰近醫院進行抽血檢查，就能比較快得知結果。即
便驗孕棒顯示未懷孕，還是建議再去一趟醫院接受更精密的
診斷。

發生性關係時，務必要做好避孕措施

　　每次只要接到性關係後月經遲來的諮詢，我都會提醒當事人，並強調「下次一定要記得避孕」！有時候同個人又沒避孕而來找我諮詢，著實令我不解。因為我都花時間向他說明，結果卻又做出相同之舉。假如不希望另一半懷孕，那就要懂得在做好安全措施的狀態下發生性行為，或者乾脆不要發生關係才對。我們是透過性教育學習「如何用最正確的方法愛自己，愛我最心愛的人」，若要與人做愛做的事，拜託、千萬、一定要！為了心愛的人做好避孕。

性教育是送給小孩最偉大的資產

自二〇二一年運動選手接連爆發的校園暴力、性暴力問題，如實展現了教育和人性教育的迫切性與重要性。首爾、釜山市場性暴力事件也是同樣的道理，過去辛苦累積的一切，很可能會在一夕之間付諸流水。

深受世人尊敬的股神巴菲特（Warren Buffett）曾說：「建立良好的聲譽，要二十年；毀掉良好的聲譽，只需要五分鐘。明白到這一點，你做人處事就會有很大的不同。」（It takes 20 years to build a reputation but five minutes to ruin it. If you think about that, you'll do things differently.）

如今，我們都活在講求人品的時代，要是沒有人品基礎，讀書和實力都只會淪為泥沙城堡，隨時都有可能被一個大浪沖垮。而最容易影響這種人品與人際關係的便是「性教育」。

性教育是從日常生活中學習的基本生活習慣為基礎，所以對人品有重要影響，「為什麼不能在外隨意脫光身上的衣服？為什麼說話時要彼此尊重、體恤對方？為什麼在觸摸他人之前要先取得同意？」等，統統都是以生活教育為基礎進行。

性教育其實是在探討基本的人際關係，對於人品養成具有極大影響。孩子最容易受影響的地方就是家庭，從現在起，就讓我們透過性教育幫助孩子累積健康堅實的人品吧。向孩子傳遞健康的性價值觀，其實就是把人生當中最偉大又美麗的遺產送給他們。

失敗是提升實力的一種循環

每次演講我都會強調，其實性教育沒有正確解答，就算說著同樣內容，也會隨著聽者是誰、年紀多大、身處何種情況而有不同體會。因此，我希望各位不要把這本書裡的內容當成唯一答案，而是各位在尋找屬於自己的答案時，可以作為參考的工具。

有些家長會擔心自己在幫孩子進行性教育時會失敗，對於要主動向小孩提起從未聊過的性話題也感到困難。其實我曾經因為夢想過要用英文進行性教育，所以有去美語補習班補習過，我當時有很強烈的完美主義，擔心說錯所以一句話都開不了口。該補習班的老闆李敏浩（이민호）當時送了我

一句話：「失敗是提升實力的一種循環」，叫我不要害怕失敗，當成是提升實力的循環即可，給予我極大的勇氣。多虧有他這句話，造就了如今用英語授課也不成問題的我。

因此，在我看來，性教育也和學英文是一樣的道理，就算過程不盡理想，也會透過這些過程累積經驗、提升實力。儘管做得不夠好，也千萬不要認為是失敗的，應該想成目前正在進步中。假如毫無作為，就不會發生任何事。各位光是閱讀這本書、願意嘗試，就已經別具意義。理解多少就能感受多少，感受多少就能習得多少，這便是性教育。

父母無限支持與疼愛的重要性

高三那年，我因為非常想要進一所體育大學，而特地去找補習班補習，當時我的目標只有鎖定那一間學校，真的是全心全意都投入在運動上；然而，就在那時，運動過程中不慎閃到了腰，導致連術科考試都去不成。

我當時深陷絕望、空虛的泥沼，每天痛苦自責，我的母親看著如此煎熬的我，卻從未對我發過一次脾氣或出言教訓。某天，母親從馬場洞牲畜市場買了最頂級的 A+韓牛回來，烤了超級好吃的牛肉，並對我說：

「錫遠啊，很辛苦吧？每個人都有可能犯錯，也都是從錯誤中學習，日後只要長成更厲害的人就好。媽媽永遠支持你喔！一起加油吧！多吃一點喔！」

當時吃下的那份牛肉充滿著愛與感動，至今仍讓我難以忘懷，多虧有母親的無限支持，才使我得以鼓起勇氣重考，最後也終於如願進到了我心心念念的體育系，大學期間甚至連續四年拿到了第一名全額獎學金。

　　後來也以此為契機，我變得與母親無話不談，也可以輕鬆自如地暢聊性話題。最終，性教育其實就是有關親子對話的教育。前提要先有家長的無限支持與疼愛，孩子才會相信家長，就連性相關話題也會願意侃侃而談。

人＋人＝愛♥

　　最後，我想要向一路走來幫助這本書出版的每一位貴人致上深深的謝意。首先，要感謝我的天父，一直以來都是我的全部，也是我的創造主。為了向這世界傳遞愛而派了耶穌基督下凡，我也會仿效這份愛，對世界傳遞善。

　　再來，我要向家庭成員母親、父親、大哥表達感謝，你們是我的無限正能量與力量的根源。還有這次一起出版《越早學越好！給女兒的性教育》的自主學校代表金敏英（김민영），以及我們的文聖恩（문성은）責任講師、夏藝琳（하예린）經紀人等，要向自主學校的家族成員致謝。

　　除此之外，也要向我人生中最棒的導師羅賢道（나현도）牧師致謝，是您帶領我研讀聖經十五年以上，讓我能夠長成最符合自己的樣子。還有為人坦率溫暖的旅人——

「二十世上」的權起三（권기삼）團長，感謝您告訴我「人加人等於愛」的道理。最後也要感謝讓我有機會再次寫書的RaonBook 出版社及趙英碩（조영석）所長與相關同仁。

從上一本書到這本書，之所以能讓我再一次提筆寫作，都要多虧全國各地讀者還有熱烈支持我的大眾和家長，我要藉此機會向各位表達衷心感謝！

希望閱讀本書的各位都不要忘記自己是「為了被疼愛而誕生的存在」，都能與子女創造幸福瞬間，我將用我的超級必殺天使美男好運，替各位加油打氣！務必送給小孩最偉大資產——性教育。

親愛的弟兄啊，我們應當彼此相愛，因為愛是從神來的。凡有愛心的，都是由神而生，並且認識神。沒有愛心的，就不認識神，因為神就是愛。

——約翰一書四章七～八節

二〇二一年五月，全宇宙獨一無二備受疼愛的存在
李錫遠

韓國性教育・性諮詢專業機構「自主學校」

何謂「自主學校」？

　　自主：自由思考，以自己為主體生活。

　　自主學校是一所性教育、性諮詢專業機構，主要協助幼兒至老人學習正確性知識、提高性意識，進一步帶領社會走向安全明朗的性文化。本機構以性教育大眾化為目標，提供全國所有年齡層諮詢與教育服務。

自主學校課程簡介

1. 個人諮詢、個人教育

　　提供個人化的諮詢及教育，若有性相關心理障礙或煩惱，亦可安排專業諮商心理師來協助諮商，解決問題。

2. 小班制性教育

　　專為八至十九歲兒童及青少年，以二～六名年齡相仿者組成小團體所開設的性教育課程。有別於一般的性教育，我們會依照教育對象的成長階段、知識水平進行教育課程規劃，提供最適合、最需要的內容。

　　一堂課總計 100 分鐘，包含子女性教育與家長意見反饋，上課地點可選擇自主學校或講師外派授課。老師與學員之間的互動良好，比團體課程更為實際且有效。

3. 家長小班制性教育

　　專為煩惱子女性教育或求好心切的家長，所開設的小班制性教育課程，只要是同一地區或彼此認識的幾個人湊在一起就可以開設課程，上課地點則可選擇自主學校或講師外派至指定地點上課。可以更全面、具體了解如何面對處理子女的性好奇或相關行為。

4. 特別講座

在企業、學校、機構等場合對大眾進行演講。有關演講次數、演講時間、演講主題，皆可溝通討論。我們會掌握邀請者與聽眾的需求，提供高品質、高滿意度的演講內容。

5. 自主學校性教育專業講師培訓課程

為了推廣大韓民國安全明朗的性文化，而開設的自主學校性教育專業講師養成課程，不僅由自主學校講師授課，還會邀請各界專家進行多元且富含深度的教育。尤其致力於提供學員能夠反映社會趨勢的性教育，因此，這是為了養成專業性教育講師所開設的課程。

6. 性教育音樂劇

由自主學校和「劇團 ArtSight」共同打造的全新性教育內容，透過音樂劇的生動表演與精采看頭，讓觀眾用更自然的方式接收性知識，備有適合不同年齡層觀賞的公演場次。

聯絡方式

電話：02-583-1230　KakaoTalk：자주스쿨　YouTube：자주스쿨

官網：jajuschool.com　社團：cafe.naver.com/jajuschool

部落格：blog.naver.com/jaju_school

地址：首爾特別市銅雀區銅雀大路 1 街 18, 307 號

（서울특별시동작구동작대로1길 18, 307 ）

國家圖書館出版品預行編目(CIP)資料

越早學越好！給兒子的性教育：從認識身體到網路性暴力，一
次解答兒子會遇到的56種性教育問題／李錫遠著；尹嘉玄譯. --
初版. -- 新北市：大樹林出版社，2022.08
　面；　公分. --（育兒經 06）
譯自：아들아, 성교육 하자
ISBN 978-626-96012-5-7（平裝）

1. CST：性教育　2. CST：性知識
3. CST：青春期　4. CST：親職教育

544.72　　　　　　　　　　　　　　　　111008528

育兒經 06

越早學越好！給兒子的性教育
아들아, 성교육 하자
從認識身體到網路性暴力，一次解答兒子會遇到的56種性教育問題

作　　者／李錫遠（이석원）
總 編 輯／彭文富
主　　編／黃懿慧
內文排版／菩薩蠻數位文化有限公司
封面設計／木木Lin
校　　對／楊心怡、邱月亭
出 版 者／大樹林出版社
營業地址／23357 新北市中和區中山路 2 段 530 號 6 樓之 1
通訊地址／23586 新北市中和區中正路 872 號 6 樓之 2
電　　話／(02) 2222-7270　　　傳　　真／(02) 2222-1270
官　　網／www.gwclass.com
E - m a i l／notime.chung@msa.hinet.net
Facebook／www.facebook.com/bigtreebook
發 行 人／彭文富
劃撥帳號／18746459　戶名／大樹林出版社
總 經 銷／知遠文化事業有限公司
地　　址／新北市深坑區北深路 3 段 155 巷 25 號 5 樓
電　　話／02-2664-8800　　　傳　　真／02-2664-8801
初　　版／2022年08月

定價　台幣／450元　港幣／150元　　ISBN／978-626-96012-5-7

大樹林學院
www.gwclass.com

大樹林出版社—官網

大树林学苑—微信

課程與商品諮詢

大樹林學院 — LINE

預購及優惠